絵・で・学・ぶ
中級
韓国語文法
新版

音声について

練習問題と実践問題をすべて音源に収録しました。下記の白水社のサイトからダウンロードして、パソコンやスマートフォン、タブレットなどで聞くことができます。

https://www.hakusuisha.co.jp/news/edemanabu-chukyu/

イラスト｜わたなべまき
装丁・本文デザイン｜株式会社アイ・ビーンズ
音源ナレーション｜李美賢、朴天弘

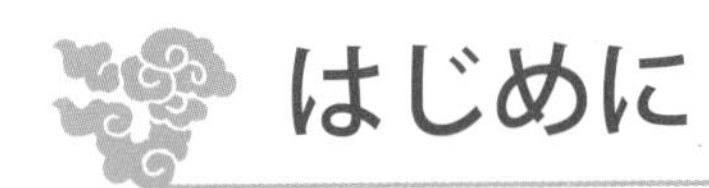

はじめに

本書は、既刊の初級編『絵で学ぶ韓国語文法　初級のおさらい、中級へのステップアップ』に続く中級編の文法書です。2015年の初版以来、わかりやすい文法書として幸いにも好評を博してきましたが、この度学習者の要望に応えるため練習問題の音源をダウンロードできるようにし、「実践問題」と解答の「解説」を加えて新版を出すことになりました。

学習の目安として、ハングル能力検定試験のレベルを各章の番号の横に唐辛子マークで表示しています。が4級、が3級、が準2級レベルとなっています。

中級文法ともなると、日本語訳を覚えただけでは使い方を間違えてしまうような文法もたくさん出てくるのですが、初級編に引き続き絵やイラストをたくさん使って、複雑な文法が一目でわかるように工夫してあります。限定された文脈でしか使わない表現、性別や年齢、聞き手との関係によって使い方が決まるものなどは、それらが用いられる場面を絵で見せて、イメージを通して用法が覚えられるようにしてあります。特に使い分けがわかりにくいものについては、「お悩み解決コーナー」で詳しく解説しています。

練習問題も中級編らしく形式と中身を変えました。活用形を作る問題だけでなく対話形式、長文形式などの練習問題があります。対話形式の練習問題では、その表現がよく用いられる人物像や場面もひっくるめて理解してもらえるよう、たとえば「おばあさんが孫と話している」というような場面を設定しています。長文形式の問題にある文はすべてオリジナルの文なのですが、書き手の世代や性別を想定した「日記」などの練習問題がたくさんあります。巻末には練習問題の答えと日本語訳をつけてあります。日本語訳は自然さより韓国語のニュアンスが残る直訳にしています。

文法の説明を読み練習問題を解くときに、イラストが示す人物像や表情、練習問題の中の場面設定にまで細かく注意を向けながら学んでいけば、複雑で迷いやすい中級文法の森をくぐり抜け、広々とした新しい段階に到達することができるでしょう。

この本を手に取ったみなさんが、本書を活用して中級レベルの多様な文型を自在に使いこなせるようになることを願ってやみません。

著者

目次

回想の더を含む文末表現

お悩み解決コーナー

付録

本書の構成と使い方

本書は、韓国語の中級レベルの文法をひとりで学べる文法書です。それぞれの文法項目は、初級編の『絵で学ぶ韓国語文法 初級のおさらい、中級へのステップアップ』と同様、文法の使い方などがひと目でわかるイラスト、文法の仕組みと解説、練習問題の順に構成されています。また「お悩み解決コーナー」や「5分間の力だめし」の復習コーナーもあります。巻末には解答や文法索引があります。では、本書の効果的な使い方について紹介しましょう。

覚えておきたい助詞（中級）

中級編でよく使われる助詞をまとめて提示しています。

助詞を覚えておけば、いっそうスムーズに進められるでしょう。

覚えておきたい助詞（中級）

意味	パッチム 無	パッチム 有	例
~や	-나	이나	개나 고양이 犬や猫
~でも	-나	이나	커피나 마실까요? コーヒーでも飲みましょうか
~も（数量）	-나	이나	10개나 있다. 10個もある
~でも（どちらでも）	-든(지)	이든(지)	사과든 감이든 좋다. リンゴでも柿でもよい
~でも	-라도	이라도	영화라도 볼까요? 映画でも見ましょうか
~に（結果）	-로*	으로	둘로 나눈다. 2つに分ける
~として	-로(서)*	으로(서)	친구로(서) 조언한다. 友人として助言する
~によって	-로(써)*	으로(써)	힘으로(써) 지배한다. 力によって支配する
~とは	-란	이란	사랑이란 무엇일까? 愛とは何だろうか
~と	-랑	이랑	친구랑 논다. 友だちと遊ぶ
~の方こそ	-야말로	이야말로	저야말로 감사합니다. 私の方こそありがとうございます
~（人）に（尊敬）	-께		선생님께 드린다. 先生に差し上げる
~（人）が（尊敬）	-께서		할아버님께서 오신다. おじい様が来られる
~（人）は（尊敬）	-께서는		할머님께서는 아신다. おばあ様はご存じだ
~ごとに	-마다		나라마다 다르다. 国ごとに異なる

文法の学習

韓国語の文法項目とその日本語の意味を確認してから、絵やイラスト解説、練習問題へと進んでください。

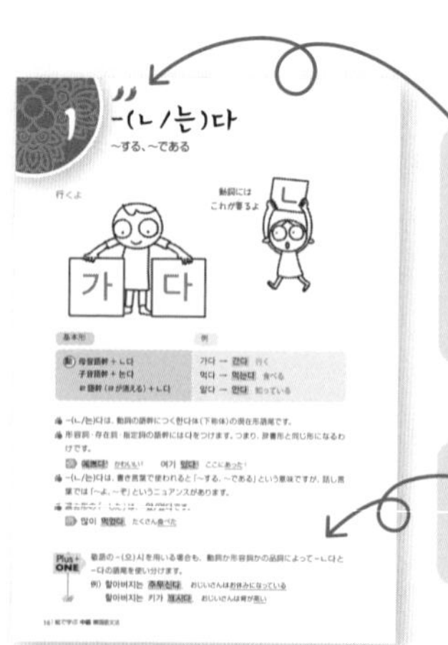

学習の目安としてハングル能力検定試験のレベルを表示しています。4級は唐辛子1本（🌶）、3級は唐辛子2本（🌶🌶）、準2級は唐辛子3本（🌶🌶🌶）となっています。

Plus+ ONE その課の文法項目の間違いやすい点や、さらに発展した関連情報を紹介しています。

練習問題

　練習問題は直接書き込む形式になっています。すぐ使える短いフレーズを用いてやり取りできるような対話形式や、書き言葉に慣れるための長文形式の練習問題を多数設けてあります。なお、練習問題はできるだけ具体的な場面を設定し、その表現がどのような場面で使われるのかがわかるようにしました。

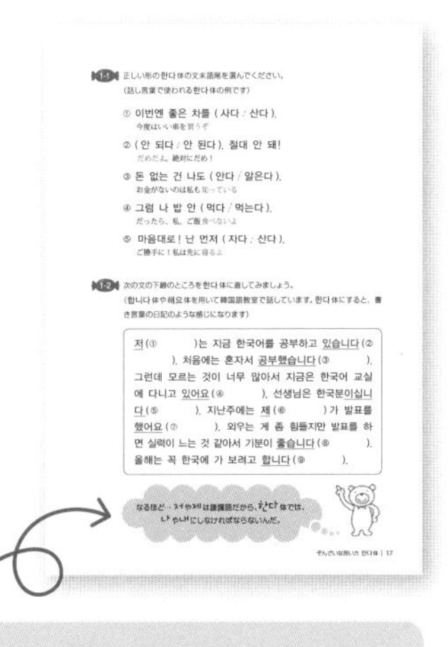

1-1 正しい形の한다体の文末語尾を選んでください。
（話し言葉で使われる한다体の例です）

① 이번엔 좋은 차를 (사다 / 산다).
今度はいい車を買うぞ

② (안 되다 / 안 된다). 절대 안 돼!
だめだよ。絶対にだめ！

③ 돈 없는 건 나도 (안다 / 알은다).
お金がないのは私も知っている

④ 그럼 나 밥 안 (먹다 / 먹는다).
だったら、私、ご飯食べないよ

⑤ 마음대로! 난 먼저 (자다 / 잔다).
ご勝手に！私は先に寝るよ

1-2 次の文の下線のところを한다体に直してみましょう。
（합니다体や해요体を用いて韓国語教室で話しています。한다体にすると、書き言葉の日記のような感じになります）

저(①　　　)는 지금 한국어를 공부하고 있습니다(②　　　). 처음에는 혼자서 공부했습니다(③　　　). 그런데 모르는 것이 너무 많아서 지금은 한국어 교실에 다니고 있어요(④　　　). 선생님은 한국분이십니다(⑤　　　). 지난주에는 제(⑥　　　)가 발표를 했어요(⑦　　　). 외우는 게 좀 힘들지만 발표를 하면 실력이 느는 것 같아서 기분이 좋습니다(⑧　　　). 올해는 꼭 한국에 가 보려고 합니다(⑨　　　).

ぞんざいな言い方 한다体 | 17

なるほど君のつぶやき
その課の文法の要点や注意点をなるほど君が簡潔につぶやいてくれています。

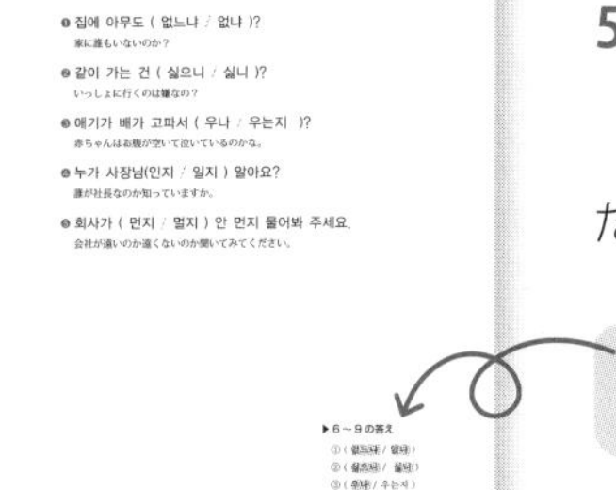

6〜9の復習 **5分間の力だめし！**

✣日本語訳に合うように、正しいものを選んでください。
両方とも正しい場合もあります。

❶ 집에 아무도 (없느냐 / 없냐)?
家に誰もいないのか？

❷ 같이 가는 건 (싫으니 / 싫니)?
いっしょに行くのは嫌なの？

❸ 애기가 배가 고파서 (우나 / 우는지)?
赤ちゃんはお腹が空いて泣いているのかな。

❹ 누가 사장님(인지 / 일지) 알아요?
誰が社長なのか知っていますか。

❺ 회사가 (먼지 / 멀지) 안 먼지 물어봐 주세요.
会社が遠いのか遠くないのか聞いてみてください。

▶6〜9の答え
①（없느냐 / 없냐）
②（싫으니 / 싫니）
③（우나 / 우는지）
④（인지 / 일지）
⑤（먼지 / 멀지）

42｜絵で学ぶ中級韓国語文法

5分間の力だめし

　復習のコーナーです。関連文法の学習が終わったらチャレンジしてみてください。

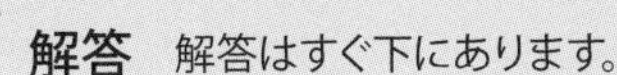

解答　解答はすぐ下にあります。

お悩み解決コーナー

　用法や意味などが似ていて混同しやすい文法項目の使い分けなどについて、イラストで示された場面とともにわかりやすく説明してあります。気になるところがあればぜひ目を通してください。

お悩み解決コーナー ❷

疑問の語尾　どう使い分ける？

　ため口の会話においては、해体の語尾で終わる-아/어?がもっとも一般的でニュートラルな疑問の語尾ですが、これ以外にも様々な語尾を用いていろんなニュアンスの尋ね方があります。

시간 없어?
時間ない?

-아/어?の語尾を使うのが、もっとも普通の問いかけ方です。

연락이 없니?
連絡ないの?

-니?は、「〜なの？」と柔らかく問いかける時に用いられます(⇒30頁参照)。

야, 병따개 없나?
おい、栓抜きないのか?

-나?は直接的で荒っぽい問いかけに用いられます。主に男性が使います(⇒32頁参照)。

28｜絵で学ぶ中級韓国語文法

覚えておきたい助詞（中級）

意味	パッチム		例
	無	有	
～や	−나	이나	개나 고양이 犬や猫
～でも	−나	이나	커피나 마실까요? コーヒーでも飲みましょうか
～も（数量）	−나	이나	10개나 있다. 10個もある
～でも（どちらでも）	−든(지)	이든(지)	사과든 감이든 좋다. リンゴでも柿でもよい
～でも	−라도	이라도	영화라도 볼까요? 映画でも見ましょうか
～に（結果）	−로*	으로	둘로 나눈다. 2つに分ける
～として	−로(서)*	으로(서)	친구로(서) 조언한다. 友人として助言する
～によって	−로(써)*	으로(써)	힘으로(써) 지배한다. 力によって支配する
～とは	−란	이란	사랑이란 무엇일까? 愛とは何だろうか
～と	−랑	이랑	친구랑 논다. 友だちと遊ぶ
～の方こそ	−야말로	이야말로	저야말로 감사합니다. 私の方こそありがとうございます
～（人）に（尊敬）	−께		선생님께 드린다. 先生に差し上げる
～（人）が（尊敬）	−께서		할아버님께서 오신다. おじい様が来られる
～（人）は（尊敬）	−께서는		할머님께서는 아신다. おばあ様はご存じだ
～ごとに	−마다		나라마다 다르다. 国ごとに異なる

～までも	−마저	가족마저 반대했다. 家族までも反対した
～ほど	−만큼	지금만큼 편리하지 않았다. 今ほど便利ではなかった
～しか	−밖에	하나밖에 없다. 一つしかない
～(人)に（向かって）	−보고	나보고 앉으라고 했다. 私に座れと言った
～で（単位）	−에	1킬로에 얼마예요? 1キロでいくらですか
～に（場所）	−에다(가)	여기에다가 놓는다. ここに置くよ
～人で	−(이)서	셋이서 산다. 三人で暮らす
～さえ	−조차	물조차 없다. 水さえない
～のように	−처럼	겨울처럼 춥다. 冬のように寒い

*ㄹパッチムで終わる名詞も＋로(서, 써)

−(이)든지の지、−(으)로서の서、−(으)로써の써は省略することができます。

−로/으로

初級編では、手段の「で」と方向の「へ」の二つの意味を紹介しましたが、−로/으로にはさらにいくつかの用法があります。

①結果の「に」

과자를 둘로 나눴다. お菓子を二つに(なるよう)分けた

벽을 흰색으로 칠한다. 壁を白色に(なるよう)塗る

그 사람을 리더로 뽑았다. 彼をリーダーに(なるよう)選んだ

뭘로 할래요? 何にしますか

②資格の「として」

그는 리더로 일했다. 彼はリーダーとして働いた

−에

初級編で紹介したように、−에は「に」に相当する助詞ですが、数量を表わす語とともに用いると単位当たりを意味する「で」になることがあります。

도자기를 10만원**에** 샀다.　陶器を10万ウォンで買った
1킬로**에** 얼마예요?　1キロでいくらですか

−나/이나

−나/이나には大きく4つの用法があります。

①A나 B = AやB
지하철**이나** 버스로 갈 수 있다.　地下鉄やバスで行ける
②A나 = Aでも
커피**나** 마실래요?　コーヒーでも飲みますか
③数量+나 = 数量+も
밥을 세 그릇**이나** 먹었다.　ご飯を３杯も食べた
④A나 B나 = AであれBであれ
한국인**이나** 외국인**이나** 허가가 필요하다.
韓国人であれ外国人であれ許可が必要だ

−랑/이랑

−랑/이랑は、−와/과や−하고と同じく「と」を意味する助詞ですが、もっともくだけた会話調の助詞です。書き言葉では−와/과が使われます。

친구**랑** 같이 놀러 갔어.　友達といっしょに遊びに行った

ぞんざいな言い方
한다体

❖ 한다体vs해体

1 -(ㄴ/는)다

2 -겠다

3 -지 않(는)다

4 -자

5 -아/어라

ここではぞんざいな言い回しの「～する」「～だろう、～しそうだ、～ぞ」「～しない」「～しよう」「～しろ」などの表現について学びます。

まず、한다体と해体の使い分けから見てみましょう。

お悩み解決コーナー 1

한다体 vs 해体 どう使い分ける？

한다体も해体も日本語で言うならぞんざいな文体「だ・である」体に当たります。でも韓国語の場合、同じ丁寧ではない言い回しでも한다体と해体では雰囲気が違うので、場面に合った方を選んで使う必要があります。한다体は主に書き言葉、해体は親しい間での話し言葉でよく使われる文体ですが、한다体が会話で用いられることもあるのです。

시계 샀어.　　**시계를 샀다.**

해体がいわゆるため口の話口調であるのに対し、한다体は主に日本語の「だ・である」体の書き言葉に当たる文章に用いられます。

しかし、한다体が話し言葉で用いられることもあります。해体が誰か特定の人に向かって語りかける文体であるのに対し、한다体は相手の返事を期待せずに語るような雰囲気を持つ文体です。

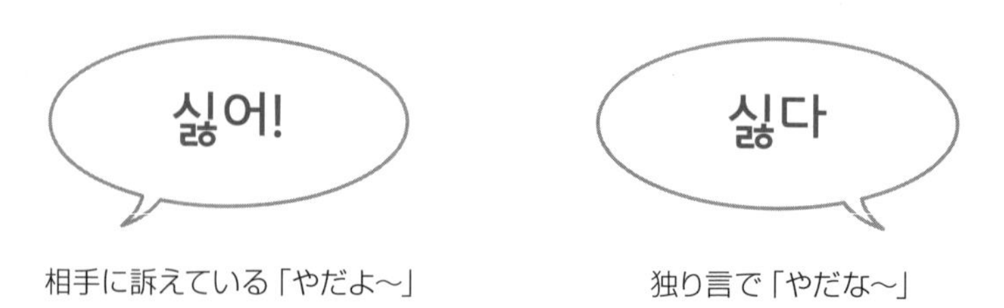

相手に訴えている「やだよ～」　　独り言で「やだな～」

눈이 온다.

話し言葉で用いられる한다体の典型的な例が、独り言です。

나 먼저 간다.

独り言だけでなく、「〜するぞ」「〜するよ」と返事を期待せずきっぱり言い放つ場面で、한다体がよく用いられます。

こうやって
作るんだよ

이렇게 만드는 거다.

聞き手がだまって聞いていることが求められるような関係、たとえば年上の人がかなり目下の人に言い聞かせる、語り聞かせる時にも、한다体が用いられることがあります。

–(ㄴ/는)다

～する、～である

基本形	例
動 母音語幹 + ㄴ다	가다 → 간다　行く
子音語幹 + 는다	먹다 → 먹는다　食べる
ㄹ語幹（ㄹが消える）+ㄴ다	알다 → 안다　知っている

- –ㄴ/는다は、動詞の語幹につく한다体（下称体）の平叙形（現在形）です。
- 形容詞・存在詞・指定詞の語幹には다をつけます。つまり、辞書形と同じ形になるわけです。

  例 예쁘다!　かわいい!　　여기 있다!　ここにあった!
- –(ㄴ/는)다は、書き言葉で使われると「～する、～である」という意味ですが、話し言葉では「～よ、～ぞ」というニュアンスがあります。
- 過去形の「～した」は、–았/었다です。

  例 많이 먹었다.　たくさん食べた

Plus+ ONE

敬語の–(으)시を用いる場合も、動詞か形容詞かの品詞によって–ㄴ다と–다の語尾を使い分けます。

例）할아버지는 주무신다.　おじいさんはお休みになっている

　　할아버지는 키가 크시다.　おじいさんは背が高い

1-1 正しい形の한다体（現在形）を選んでください。
（話し言葉で使われる한다体の例です）

① 이번엔 좋은 차를 (사다 / 산다).
今度はいい車を買うぞ

② (안 되다 / 안 된다). 절대 안 돼!
だめだよ。絶対にだめ！

③ 돈 없는 건 나도 (안다 / 알은다).
お金がないのは私も知っている

④ 그럼 나 밥 안 (먹다 / 먹는다).
だったら、私、ご飯食べないよ

⑤ 마음대로！난 먼저 (자다 / 잔다).
ご勝手に！私は先に寝るよ

1-2 次の文の下線のところを한다体に直してみましょう。
（합니다体や해요体を用いて韓国語教室で話しています。한다体にすると、書き言葉の日記のような感じになります）

저 (①　　　　)는 지금 한국어를 공부하고 있습니다 (②　　　　). 처음에는 혼자서 공부했습니다 (③　　　　). 그런데 모르는 것이 너무 많아서 지금은 한국어 교실에 다니고 있어요 (④　　　　). 선생님은 한국분이십니다 (⑤　　　　). 지난주에는 제 (⑥　　　　)가 발표를 했어요 (⑦　　　　). 외우는 게 좀 힘들지만 발표를 하면 실력이 느는 것 같아서 기분이 좋습니다 (⑧　　　　). 올해는 꼭 한국에 가 보려고 합니다 (⑨　　　　).

なるほど… 저や제は謙譲語だから、한다体では、
나や내にしなければならないんだ。

2 －겠다

～だろう、～しそうだ、～ぞ

頑張るぞ

겠があるから
いらないの！

는

열심히 하겠다.

基本形	例
語幹 + 겠다	놀라다 → 놀라겠다　驚くだろう 붙다 → 붙겠다　（試験に）受かるだろう 공부하다 → 공부하겠다　勉強するぞ

- －겠は、意志や推量、控えめな気持ち、予告など多様な意味合いを持たせるものですが、한다体では、語幹と語尾の間に겠を挟み込むだけです。

  例 열심히 공부하겠다.　熱心に勉強するぞ（意志）
  내일은 비가 오겠다.　明日は雨が降りそう（推量）
  잘 모르겠다.　よくわからない

- －겠다の主語が一人称の場合は話し手の意志を表し、3人称の場合は話し手の推量を表します。話し手の意志を表す場合は「～するぞ」に近いニュアンスがあります。

- －았/었겠다は、「～しただろう」という過去の出来事についての推量を表します。

  例 많이 놀랐겠다.　さぞ驚いただろう

－겠다は、－아 / 어야겠다（～しなくちゃ）という表現にも使われます。
（－아 / 어야については、⇒ 206頁）
例）나도 가야겠다.　私も行かなくちゃ

2-1 (　　　)にふさわしい単語を選び、－겠다をつけて文を完成させましょう。

(日記に新年の計画を書き並べています)

끊다	하다	빼다	보다	벌다

① 내년에야말로 살을 (빼겠다. 　)

来年こそ痩せるぞ　▽살을 빼다で「痩せる」

② 반드시 담배를 (　　　　　　　)

必ずタバコをやめるぞ

③ 취직해서 돈을 (　　　　　　　)

就職して金を稼ぐぞ

④ 집안일도 열심히 (　　　　　　　)

家事も頑張るぞ　▽열심히 하다で「頑張る」

⑤ 한글능력시험 3급을 (　　　　　　　)

ハングル能力試験３級を受けるぞ　▽시험을 보다で「試験を受ける」

－겠다を用いて、推量の文を完成させましょう。会話に使われる例です。

① 이게 (좋다 → 좋겠다.)
이걸로 할게요.

これが良さそう。これにします

② 하늘을 보니까
눈이 (오다 →　　　　　　　)

空を見たら、雪が降りそう

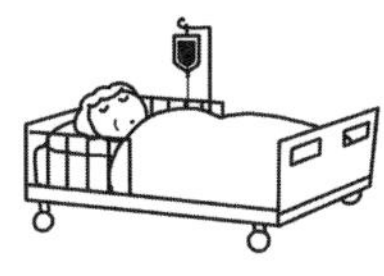

③ 어머니가 입원하셔서
많이 (힘들다 →　　　　　　　)

お母さんが入院して、さぞ辛いだろう

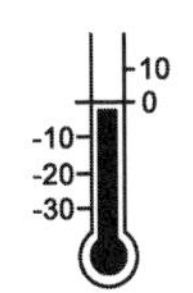

④ 일기예보를 보니까
내일도 (춥다 →　　　　　　　)

天気予報を見たら、明日も寒そうだ

3 -지 않(는)다

～しない

書かない

この쓰다は
「書く」だよ

動詞だから
는が要るよね

는

쓰지 않다.

基本形	例
動 語幹 +지 않는다	쓰다 → 쓰지 않는다 書かない 읽다 → 읽지 않는다 読まない
形 語幹 +지 않다	쓰다 → 쓰지 않다 苦くない 달다 → 달지 않다 甘くない

- 한다体(下称体)の後置否定形は、動詞の語幹には-지 않는다を、形容詞の語幹には-지 않다をつけます。
- 前置否定形は、한다体の前に안を置くだけです。

  例 쓰다 書く → 안 쓴다 書かない

  쓰다 苦い → 안 쓰다 苦くない
- 「～しなかった」は、-지 않았다です。-았/었지 않다は間違いです。

  例 書かなかった ○ 쓰지 않았다 × 썼지 않다

もう一度確認！ 動詞にだけ用いる能力否定形(-지 못하다, 못)も確認しておきましょう。

例) 드시지 못한다 = 못 드신다 召し上がれない

읽지 못한다 = 못 읽는다 読めない

3-1 正しい形の한다体を選んでください。
(家族について書いています)

① 남동생은 아침을 먹지 (않다 / 않는다).
弟は朝ごはんを食べない

② 나는 아침 일찍 일어나지 (못하다 / 못한다).
私は朝早く起きられない

③ 엄마는 고기를 안 (좋아하시다 / 좋아하신다).
母は肉が好きではない

④ 할머니는 귀가 안 (좋으시다 / 좋으신다).
祖母は耳がよくない

⑤ 할아버지는 식사를 조금밖에 못 (하시다 / 하신다).
祖父は食事を少ししか召し上がれない

なるほど… 한다体（下称体）の否定形も、
品詞を見極めなければならないんだ。

3-2 次の文の下線のところを한다体に直してみましょう。

오늘은 오랜만에 쉬는 날입니다 (①　　　　　　). 늦게 일어나서 화분에 물을 주고 빨래를 했습니다 (②　　　　　　). 쉬는 날에는 아침을 먹지 않습니다 (③　　　　　　). 점심에는 친구가 보내 준 야채로 야채 스프를 만들어서 먹었습니다 (④　　　　　　). 많이 만들어서 결국 다 먹지 못했습니다 (⑤　　　　　　). 싱싱한 야채와 야채 스프의 사진을 찍어서 SNS에 올렸습니다 (⑥　　　　　　).

–자

~しよう

早く行こう

基本形	例
動 語幹 + 자 있(다) + 자	남기다 → 남기자　残そう 찾다 → 찾자　(金を)下ろそう 있다 → 있자　居よう

- –자は、「~しよう」という勧誘や提案、要求などを表す한다体の勧誘形語尾です。親しい友人や目下の人に使います。

  例 오늘은 집에 있자.　今日は家に居よう

- –지 말자は、「~しないでおこう」という禁止の勧誘形です。

  例 오늘은 나가지 말자.　今日は出かけないでおこう

同じ意味の–자꾸나という形もあります。親近感が加わり、親しい友人や家族の間でよく用いられます。

例）오늘은 집에 있자꾸나.　今日は家に居ようよ

4-1 (　　　)にふさわしい単語を選び、-자を用いて文を完成させましょう。
(旅行の計画を立てています)

찾다	잡다	남기다	세우다	가지 말다

① 연휴 계획을 (세우자.　)
連休の計画を立てよう

② 여행 날짜를 (　　　　　　　　)
旅行の日にちを決めよう　▽날짜를 잡다で「日にちを決める」

③ 돈은 내일 (　　　　　　　　)
お金は明日下ろそう

④ 여행 가서 기록으로 (　　　　　　　　)
旅行に行って記録に残そう

⑤ 그냥 집에 있자. 우리는 (　　　　　　　　)
このまま家に居よう。わたしたちは行かないでおこう

なるほど… 「行かないでおこう」は
가지 않아 두자ではなく、가지 말자なんだ。

4-2 A「〜しよう(-자)」、B「〜するのは嫌です(-기 싫어요)」というやり取りを完成させましょう。(母親と子どもとのやり取りです)

① 감기약을 먹다　風邪薬を飲む

A：감기약을 (먹자.)

B：난 감기약 (먹기 싫어요.)

② 공원에 나가서 놀다　公園に出て遊ぶ

A：공원에 나가서 (　　　　　　　　)

B：난 공원에 나가서 (　　　　　　　　)

③ 머리를 감다　髪を洗う

A：머리를 (　　　　　　　　)

B：난 머리 (　　　　　　　　)

5 -아/어라

～しろ、～しなさい

待ちなさい

基本形	例
陽母音（ㅏ, ㅑ, ㅗ）語幹 + 아라	받다 → 받아라　受け取れ
陰母音（ㅏ, ㅑ, ㅗ 以外）語幹 + 어라	풀다 → 풀어라　解きなさい
하다用言 → 해라	조심하다 → 조심해라　気をつけろ

- -아/어라は、「～しろ」「～しなさい」という한다体の命令形語尾です。

  例 차 조심해라.　車に気を付けてね

- -아/어라には、日本語の「～しろ」だけではなく、親族など親しい関係での会話で「～してね」や「～しなさい」に近いニュアンスがあります。目上の人には使えません。

- 한다体の禁止の命令表現「～しないで、～するな」は-지 마라ですが、-지 말아라もよく耳にします。

  例 수업에 늦지 마라(=말아라).　授業に遅れないで

Plus+ ONE 形容詞の語幹に-아/어라がつくと、感嘆の意味を表します。

例）아이고, 좋아라!　わぁ、いいなぁ

5-1 下線のところを、한다体の命令形（−아/어라）にしましょう。
（母親が子どもに声をかけています）

① 비 온다. 창문 닫아요（ 닫아라. ）
雨、降っているよ。窓を閉めなさい

② 학교에 늦겠다. 빨리 밥 먹어요（　　　　　　）
学校に遅れるよ。早くご飯食べなさい

③ 감기 걸리겠다. 코트 입고 가요（　　　　　　）
風邪をひくよ。コートを着て行きなさい

④ 넘어지겠다. 조심해요（　　　　　　）
転ぶよ。気をつけてね

⑤ 전화 왔다! 전화 받아요（　　　　　　）
電話が鳴っているよ。電話に出て！　▽전화를 받다で「電話に出る」

5-2 A「〜しなさい（−아/어라）」、B「〜しなければなりませんか（−아/어야 돼요?）」というやりとりを完成させましょう。（母親と子どものやり取りです）

① 이빨을 닦다　歯を磨く
A：이빨을（ 닦아라. ）
B：이빨을 꼭（ 닦아야 돼요? ）

② 일기를 쓰다　日記を書く
A：일기를（　　　　　　）
B：일기를 꼭（　　　　　　）

③ 야채도 먹다　野菜も食べる
A：야채도（　　　　　　）
B：야채를 꼭（　　　　　　）

④ 텔레비전을 끄고 자다　テレビを消して寝る
A：텔레비전을 끄고（　　　　　　）
B：텔레비전을 꼭 끄고（　　　　　　）

なるほど…
−아/어라は、
日本語の「〜しろ」
だけじゃなくて
「〜してね」でも
あるんだ。

1〜5の復習　한다体のおさらい！

	한다体	해体
いつ使う？	主に新聞や雑誌などの書き言葉で用いられるが、会話でも目下の人や親しい友人などに使う。 子どもが親に使うことは許されない。	日常会話において目下の人や友人、家族など親しい事柄で用いられる。 状況によっては、後輩が先輩に、子どもが親に使うこともある。
作り方は？ 叙述形 疑問形 勧誘形 命令形	 –(ㄴ/는)다 –니?　–냐?* –자 –아/어라 ※하다用言命令形 → 해라	 –아/어** –아/어? –아/어 –아/어 ※하다用言 → 해 指定詞 → (이)야
例文は？ 動 母音語幹	한다　する 하니?　하냐?　する? 하자　しよう 해라　しろ	해　する 해?　する? 해　しよう 해　しろ
動 子音語幹	먹는다 먹니?　먹냐?* 먹자 먹어라	먹어 먹어? 먹어 먹어
形	싫다 싫니?　싫냐?* – –	싫어 싫어? – –

* –니?　–냐?については、30、32頁を参照してください。

** 해体の語尾–아/어は、文脈やイントネーションによって叙述（↘）、疑問（↗）、勧誘（→）、命令（↓）を使い分けます。

さまざまな
疑問の語尾

❖ 疑問の語尾　どう使い分ける?

6 −니?

7 −느냐?/−(으)냐?

8 −나?, ㄴ/은가?

❖ −나?, −/은가? vs −ㄹ/을까?

9 −는(ㄴ/은)지

❖ −는지 vs −ㄹ/을지

ここでは「～のか?」「～かい?」「～かな?」「～かどうか」など微妙にニュアンスの異なるいくつかの疑問の語尾について学びます。

また、「～かな?」を表す−나?と−ㄹ/을까?の使い分けや、文中で使われる−는(ㄴ/은)지と−ㄹ/을지の使い分けについても見てみます。

お悩み解決コーナー ②

疑問の語尾　どう使い分ける？

ため口の会話においては、해体の語尾で終わる−아/어?がもっとも一般的でニュートラルな疑問の語尾ですが、これ以外にも様々な語尾を用いていろんなニュアンスの尋ね方があります。

시간 없어?

時間ない？

−아/어?の語尾を使うのが、もっとも普通の問いかけ方です。

彼からの連絡、
まだないの？

연락이 없니?

連絡ないの？

−니?は、「～なの？」と柔らかく問いかける時に用いられます(⇒30頁参照)。

야, 병따개 없냐?

おい、栓抜きないのか？

−냐?は直接的で荒っぽい問いかけに用いられます。主に男性が使います(⇒32頁参照)。

뭐가 없는데?

何がないの？

疑問詞＋는(ㄴ/은)데?は、好奇心から聞く質問でよく使われます。相手に失礼にならず遠慮がちに聞こえる疑問の語尾です(⇒58頁参照)。

이거밖에 없나?

これだけしかないのかね？

-나요?は「～でしょうか？」と遠回しに聞く時の語尾なのですが、ため口の-나?となると年配の男性が年下に向かって「～かね?」と問いかけるようなニュアンスになります(⇒34頁参照)。

방법이 없을까?

方法はないのだろうか

-ㄹ/을까?は、一人で自問自答する場合によく用いられます(⇒36頁参照)。

6 -니?

～の？　～のか？

どこに住んでいるの？

基本形	例
動 存 語幹 + 니? ㄹ語幹（ㄹが消える）+ 니?	지내다 → 지내니? 過ごすの？ 멋있다 → 멋있니? 素敵なの？ 살다 → 사니? 住んでいるの？
形 指 母音語幹 + 니? 子音語幹 +(으)니? ㄹ語幹（ㄹが消える）+ 니?	형이다 → 형이니? 兄さんなの？ 좋다 → 좋으니? いいの？ 길다 → 기니? 長いの？

- 한다体（下称体）の疑問形の語尾-니?は、子どもや友達どうし、目上の人が目下の人に使われ、主に女性が好んで使う傾向があります。
- 子音語幹の形容詞のみ-으니?がつきます。最近は으抜きの니?の形が広く使われています。　例 좋으니? → 좋니 [존니]?
- 母音終わりの名詞のあとでは指定詞の語幹이が省略されます。
  例 형이니? /오빠니? 兄さんなの？

敬語の-(으)시니?（～(ら)れるの？）、-(으)셨니?（～(ら)れたの？）も合わせて覚えましょう。

例）母が娘に：할아버지 일어나셨니? おじいちゃん、起きられたの？

6-1 (　　)にふさわしい単語を選び、으 抜きの -니? を用いて文を完成させましょう。(叔母が姪に言っています)

지내다	재미있다	바쁘다	잘랐다	춥다

① 요즘 어떻게 (지내니?)
最近どう過ごしているの？

② 긴 머리는 언제 (　　　　　　)
長い髪はいつ切ったの？

③ 옷을 얇게 입었네. 안 (　　　　　　)
薄着だね。寒くないの？

④ 학교 생활은 (　　　　　　)
学校生活は楽しいの？

⑤ 다다음주는 (　　　　　　)
再来週は忙しいの？

6-2 A「～の？(-니?)」、B「～くありません/しません (안 -아/어요)」というやり取りを完成させましょう。(母親と娘とのやり取りです)

① 지금 게임하다 いまゲームをする

A：지금 (게임하니?)
B：아뇨, (게임 안 해요.)

② 노래를 부르다 歌を歌う

A：노래를 (　　　　　　)
B：아뇨, (　　　　　　)

③ 벌써 자다 もう寝る

A：벌써 (　　　　　　)
B：아뇨, 아직 (　　　　　　)

④ 음악을 듣다 音楽を聴く

A：음악을 (　　　　　　)
B：아뇨, (　　　　　　)

なるほど…
-니? って、
女性がよく
使うんだ。

-느냐? / -(으)냐?

～のか?、～かい?

どこに
住んでいるのかい？

어디 사냐?

基本形 | 例

基本形	例
動 存 語幹 +느냐? ㄹ語幹 (ㄹが消える) +느냐?	들리다 → 들리느냐? 聞こえるのか？ 있다 → 있느냐? いるのか？ 살다 → 사느냐? 住むのか？
形 指 母音語幹 +냐? 子音語幹 +(으)냐? ㄹ語幹 (ㄹが消える) +냐?	형이다 → 형이냐? 兄さんなのか？ 싫다 → 싫으냐? 嫌なのか？ 멀다 → 머냐? 遠いのか？

- -느냐? / -(으)냐?は、-니?と同様、한다体（下称体）の疑問形語尾です。主に年配の方や男性が好んで使う傾向があります。
- 最近は느や으抜きの냐?の形が広く使われています。
  例 오느냐 → 오냐?　사느냐? → 사냐?　좋으냐? → 좋냐?
- 過去形は品詞に関係なく、-았/었(느)냐?です。
  例 멀었느냐? / 멀었냐?　遠かったのか?
- 母音終わりの名詞のあとでは指定詞の語幹이が省略されます。
  例 형이냐? / 오빠냐?　兄さんなのか?

敬語の-(으)시냐?（～(ら)れるの?）、-(으)셨냐?（～(ら)れたの?）も合わせて覚えましょう。

例）父親が息子に：할머니 나가셨냐?　お祖母ちゃん、出かけられたの?

7-1 (　　　) にふさわしい単語を選び、ㄴやㅇ抜きの냐? を用いて文を完成させましょう。(おじいさんが孫と話をしています)

졸업하다	크다	있다	멀다	싫다

① 너희 집 강아지는 잘 (크냐?)
お前の家のワンちゃんは元気かい？（←育っているかい？）

② 네 형은 언제 대학을 (　　　　　　)
あなたの兄さんはいつ大学を卒業するのかい？

③ 너는 학원에 다니는 게 (　　　　　　)
お前は塾に通うのが嫌なのかい？

④ 학원이 집에서 (　　　　　　)
塾は家から遠いのかい？

⑤ 무슨 문제가 (　　　　　　)
何か問題があるのかい？

☞ ②の네 (あなたの) は、話し言葉ではしばしば니と発音されています。

7-2 A「～のか？(-았/었냐?)」、B「～したよ (-았/었어)」というやり取りを作りましょう。(男子中学生たちのやり取りです)

① 자료(를) 모으다　資料を集める
A：자료 (모았냐?)
B：응, 다 (모았어.)

② 표로 정리하다　表にまとめる
A：표로 (　　　　　　)
B：어제 다 (　　　　　　)

③ 숙제(를) 내다　宿題を出す
A：숙제 (　　　　　　)
B：아까 (　　　　　　)

④ 3시 넘다　3時(を)過ぎる
A：3시 (　　　　　　)
B：벌써 (　　　　　　)

8 −나?、−ㄴ/은가?

~のか?、~かな?

コムタンを作ってるのかな?

基本形	例
動 存 語幹 + 나? ㄹ語幹(ㄹが消える)+ 나?	오다 → 오나? 来るのか? 없다 → 없나? いないのか? 만들다 → 만드나? 作るのか?
形 指 母音語幹 + ㄴ가? 子音語幹 + 은가? ㄹ語幹(ㄹが消える)+ ㄴ가?	형이다 → 형인가? 兄さんなのか? 싫다 → 싫은가? 嫌なのかな? 멀다 → 먼가? 遠いのかな?

- ため口の−나?、−ㄴ/은가?は、話し言葉で年配の人が目下の人に(義母が婿に、教授が学生に)用いたり、親しい関係でも聞き手に配慮するときに使います。若い世代ではほとんど用いません。
- よく使われるのは独り言や論文、新聞などの書き言葉です。

  例 무엇이 문제인가? 何が問題なのか?
- 過去形は品詞を問わず、−았/었나?です。

  例 문제가 어려웠나? 問題が難しかったかな?
- −요をつけた−나요?、−ㄴ/은가요?は丁寧な疑問形として世代を問わず広く使われます。

  例 뭘 만드나요? 何を作っているんでしょうか?

Plus+ ONE 敬語を用いる場合、動詞は−(으)시나?、形容詞は−(으)신가?です。
例)母の独り言:(할머니가) 추우신가? (おばあちゃん)寒いのかな?

8-1 最も適当な疑問形の語尾を選びましょう。（独り言を言っています）

① 母親が祖母を見て「おばあちゃん、どこか具合でも悪いのかな？」

할머니가 어디 (아프신가? / 아프시나?)

② 父親が帰宅して「家に誰もいないのかな？」

집에 아무도 (없나? / 없은가?)

③ 約束時間に現れない友達を思い浮かべて「今日も遅れるかな？」

오늘도 (늦나? / 늦은가?)

④ 試験の発表を待ちながら「今回も落ちたかな？」

이번에도 (떨어졌나? / 떨어졌은가?)

⑤ 元気のない娘を見て母親が「学校で何かあったかな？」

학교에서 무슨 일이 (있었나? / 있었은가?)

8-2 A「～のか？(−나?、−ㄴ/은가?)」、B「～します (−ㅂ/습니다)」というやり取りを作りましょう。（義母と婿とのやり取りです）

① 회사는 언제 그만두다　会社はいつ辞める

A：회사는 언제 (그만두나?)

B：다음 달에 (그만둡니다.)

② 사업은 언제 시작하다　事業はいつ始める

A：사업은 언제 (　　　　　)

B：곧 (　　　　　)

③ 일이 많이 바쁘다　仕事はずいぶん忙しい

A：일이 많이 (　　　　　)

B：네. 좀 (　　　　　)

④ 아픈 데는 없다　具合の悪いところはない

A：아픈 데는 (　　　　　)

B：네. 전혀 (　　　　　)

なるほど…
−나?、ㄴ/은가って、
目下の人と言っても
子どもには
使わないんだ。

お悩み解決コーナー 

-나?、-ㄴ/은가? vs -ㄹ/을까? どう使い分ける?

どちらも「～かな？」「～のだろうか？」という自問する場面でよく用いられる表現ですが、少し違いがあります。-나?、-ㄴ/은가?が「本当にそうなんだろうか？」と懸念を抱いたり、問題を提起するような表現であるのに対し、-ㄹ/을까?は「本当はどうなんだろう?」と迷ったり反省したりする、もっと内省的な表現と言えます。

이대로 괜찮은가? **이대로 괜찮을까?**

-나?が、何かを見て湧いた疑問なのに対し、-ㄹ/을까?は頭の中の自問自答に用いられます。

뭘 잘못했나? **뭘 잘못했을까?**

同じ独り言でも、-ㄹ/을까?の方が自信をなくして深く反省している気持ちを表わしています。

이게 뭔가요? 　　　　이게 뭘까요?

−ㄹ/을까?は、なぞなぞやクイズのような問いかけの文としてよく用いられます。

어디 가나? 　　　　어디 갈까?

動詞＋−ㄹ/을까?は、自問ではなく誘い掛けや提案の「〜しようか」という意味になります。

-는(ㄴ/은)지

～のか、～かどうか

何を食べているのかわからない

基本形	例
動 存 語幹＋는지 ㄹ語幹（ㄹが消える）＋는지	오다 → 오는지　来るのか 없다 → 없는지　いないのか 풀다 → 푸는지　解くのか
形 指 母音語幹＋ㄴ지 子音語幹＋은지 ㄹ語幹（ㄹが消える）＋ㄴ지	형이다 → 형인지　兄さんなのか 좋다 → 좋은지　いいのか 멀다 → 먼지　遠いのか

- -는(ㄴ/은)지は、「～のか～」「～かどうか～」という文中の疑問を表します。
  - 例 뭘 좋아하는지 말해 봐.　何が好きなのか言ってみて
  - 먹는지 안 먹는지 물어봐.　食べるのかどうか（食べないのか）聞いてみて
- 過去形は品詞を問わず、-았/었는지です。
  - 例 시간이 없었는지 안 왔다.　時間がなかったのか来なかった
- 文末に使われることもあります。文末には-요をつけることができます。
  - 例 뭘 좋아하는지요?　何がお好きでしょうか

敬語を用いた動詞＋(으)시는지(요)、形容詞＋(으)신지(요)は、控えめで丁寧な言い方としてよく使われます。

例）어디 사시는지요?　どこに住んでいらっしゃいますか
　　많이 바쁘신지요?　ずいぶんお忙しいんでしょうか

9-1 最も適当な疑問形の語尾を選びましょう。

① 母親が娘に「おばあちゃん、いつ来られるのか電話してみて」
할머니께 언제 (오시는지 / 오신지) 전화해 봐라.

② 中学生が友人に「この問題をどう解くのかちょっと教えて」
이 문제를 어떻게 (푸는지 / 풀는지) 좀 가르쳐 줘.

③ 妻が夫に「週末に都合がつくのかどうか教えて」
주말에 시간이 (되는지 / 된지) 안 되는지 알려 줘.

④ 夫が妻に「旅行はどこがいいのか調べて」
여행은 어디가 (좋는지 / 좋은지) 알아봐.

⑤ 弟が兄に「あそこの二人、どちらが兄なのか知っている？」
저기 두 사람, 어느 쪽이 (형은지 / 형인지) 알아?

9-2 A「〜かどうか教えて(-는(ㄴ/은)지 안 -는(ㄴ/은)지 알려줘)」、B「それほど〜くはないよ (-지는 않아) というやり取りを完成させましょう。

① 방이 깨끗하다 部屋がきれいだ
A：방이 (깨끗한지 안 깨끗한지 알려줘.)
B：그다지 (깨끗하지는 않아.)

② 잠옷이 크다 パジャマが大きい
A：잠옷이 ( )
B：그다지 ( )

③ 국이 짜다 スープが塩辛い
A：국이 ( )
B：그다지 ( )

④ 피부가 곱다 肌がきれいだ
A：피부가 ( )
B：그다지 ( )

なるほど…
「〜かどうか」の
「どうか」は、
안 を用いて
안 -는(ㄴ/은)지
と表現するんだ。

お悩み解決コーナー 4

-는지 vs -ㄹ/을지 どう使い分ける?

日本語に訳すとどちらも「～のか」となってしまう-는지と-ㄹ/을지は、用法に使い分けがあります。-는지が「(今)～しているのか」「(いつも)～するのか」という現在のことについて表現するのに対し、-ㄹ/을지は「(これから)～するのか/すべきなのか」という未来のことについて用いられます。現在の連体形-는と未来の連体形-ㄹ/을の使い分けによく似ています。

뭘 먹는지 몰라.

何を食べているのかわからない

「(今現在)～している」ことについての疑問なので、-는지を用います。

뭘 먹을지 모르겠어.

何を食べるのかわからない

「(これから)どうするだろうか」という疑問なので、-ㄹ/을지を用います。

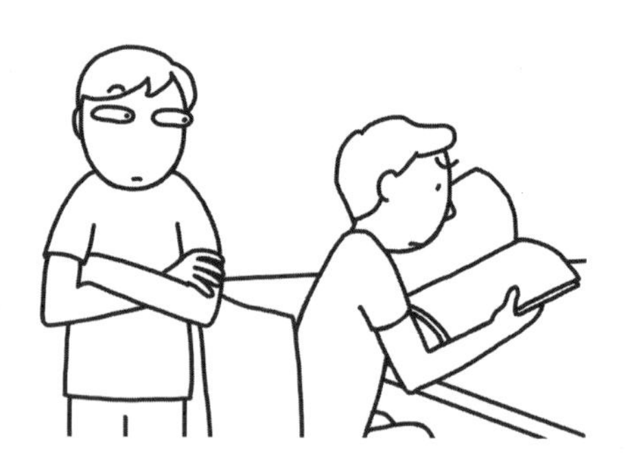

現在の行為は-는지、未来の行為は-ㄹ/을지と区別しましたが、未来の行為については-는지と-ㄹ/을지のどちらを使っても間違いではない場合が多いです。

-ㄹ/을지(도) 모르다は「～かもしれない」という慣用表現としても用いられます(⇒236頁参照)。

어느 것을 쓰는지 가르쳐 주세요.

どれを使っているのか
教えてください

今「している」ことだけではなく、普段「している」ことについても−는지を用います。

어느 것을 쓸지 가르쳐 주세요.

どれを使うべきか
教えてください

−ㄹ/을지は「〜すべきか」というニュアンスを持って用いられることもあります。

어떻게 해야 할지 몰라.

どうしたらいいかわからない

「〜したらよいか（わからない）」は −아/어야 할지と表現します。慣用表現として覚えておきましょう。

6〜9の復習

5分間の力だめし！

✣日本語訳に合うように、正しいものを選んでください。
両方とも正しい場合もあります。

❶ 집에 아무도 (없느냐 / 없냐)?
家に誰もいないのか？

❷ 같이 가는 건 (싫으니 / 싫니)?
いっしょに行くのは嫌なの？

❸ 애기가 배가 고파서 (우나 / 우는지)?
赤ちゃんはお腹が空いて泣いているのかな。

❹ 누가 사장님(인지 / 일지) 알아요?
誰が社長なのか知っていますか。

❺ 회사가 (먼지 / 멀지) 안 먼지 물어봐 주세요.
会社が遠いのか遠くないのか聞いてみてください。

▶ 6〜9の答え

① (없느냐 / 없냐)
② (싫으니 / 싫니)
③ (우나 / 우는지)
④ (인지 / 일지)
⑤ (먼지 / 멀지)

気持ちを伝える文末表現

10 −지(요)(?)

❖ −지(요) さまざまな日本語訳

11 −거든(요)

12 −잖아(요)(?)

13 −네(요)

14 −군(요)

❖ −네(요) vs 군(요)

15 −는(ㄴ/은)데(요)

ここでは、確認の「～よ、～でしょ？」、根拠説明などの「～んだ、～んですよ」、反語の「～じゃない (?)」、感嘆の「～ね、～な」、婉曲や余韻を残す「～(する) けど、～(する) が」など、気持ちを伝えるさまざまな文末表現について学びます。また、「～(です) ね」を表す−네(요)と−군(요)の使い分けについても見てみます。

－지(요)(?)

～よ、～でしょ？

基本形	例
語幹＋지(요)(?) 　　　죠(?)	바쁘지요?　忙しいでしょ？ 괜찮죠?　いいでしょ？

- －지の日本語訳はいろいろあり、「～よ」と話し手の意志や判断を表したり、「～でしょ？」と事実の確認や同意を求めるときに用います。目上の人には－지요を使います。－지요は話し言葉では縮約して－죠になります。

例 제가 하지요.　私がしますよ（意志）
그건 안 되지.　それはだめだよ（判断）
이걸로 괜찮죠?　これでいいでしょ？（同意）
요즘 바쁘죠?　最近忙しいでしょ？（確認）

- 해요体と同様、叙述・疑問・勧誘・命令文で使われます。特に－(으)시지요/－(으)시죠は「～なさってください、～しましょう」という勧誘や柔らかい命令表現としてよく使われます。

例 같이 가시지요.　いっしょに行きましょう

- 疑問詞＋지の形は、「～かな？」という独り言で使われます。

例 이게 뭐지?　これは何かな　　어떡하지?　どうしよう

- －겠지(요)（～でしょう）は、推量に基づく判断を表します。

例 봄이 곧 오겠지요.　春はもうすぐ来るでしょう

10-1 (　　　) にふさわしい単語を選び、**−지요(?)** もしくは **−지(?)** を用いて会話文を完成させましょう。(中学生たちが買い物をしています)

괜찮다	되다	어떡하다	사다	예쁘다

수미 : 이 모자 예쁘다! 영희야, 이거 (① 예쁘지?)
아저씨, 이거 얼마죠?
점원 : 3만 원입니다.
수미 : 영희야, 이 모자 (② 　　　　　　)
(財布を見て) 아, 돈이 모자라네. (③ 　　　　　　)
2만 원에 주시면 안 돼요?
점원 : 2만 원에는 안 (④ 　　　　　　)
2만 5천 원에 가져 가요.
수미 : 음. 그냥 갈까.
영희 : 네가 안 사면 내가 (⑤ 　　　　　　)

A「~しましょうか(−ㄹ/을까요?)」、B「~しましょう/~してください(−(으)시죠)」というやり取りを完成させましょう。

① 저도 알아보다　私も調べる
A : 저도 (알아볼까요?)
B : 네. 같이 (알아보시죠.)

② 제가 설명하다　私が説明する
A : 제가 (　　　　　　)
B : 네. 먼저 (　　　　　　)

③ 소주를 시키다　焼酎を注文する
A : 소주를 (　　　　　　)
B : 네. 한 병 (　　　　　　)

④ 이제 시작하다　もう始める
A : 이제 (　　　　　　)
B : 네. 슬슬 (　　　　　　)

なるほど…
−(으)시지요って
勧誘表現としても
使われるんだ。

お悩み解決コーナー 

-지(요) さまざまな日本語訳

-지(요) は「～よ」「～でしょ」「～ね」などいくつもの日本語訳があり、どの訳語を当てればいいのか迷うこともあります。どんな文型の中で -지(요) が用いられているのかによって日本語訳が決まるのですが、いろいろな例を通して用法の違いを見ていきましょう。

옷을 사는 거지?

服を買うんでしょ？

疑問文(特に二人称主語の場合)は「～でしょ?」「～ね?」という確認、念押しの意味で -지(요) が用いられます。

이게 얼마지?

これはいくらだろ？

疑問文でも疑問詞とともに用いられる場合は、「～だろ?」「～かな?」という独り言や、婉曲に柔らかく問いかけるときに用いられます。

이게 더 좋지.

こっちの方が良いよ

平叙文（特に一人称主語の場合）は「〜よ」という話し手の意思を表わすことが多いです。

한번 입어 보시죠.

一度試着なさってみてください

−(으)시지요 / −(으)시죠の形は、「〜してください」と勧める・指示する場面で用いられます。−(으)세요より丁寧で柔らかい響きになります。

모두 사지.

両方買えば

少し強い口調で −지と言うと、「〜しなさい」と勧めたり「〜すれば」と突き放した感じの提案になります。

11 -거든(요)

～んだ、～んですよ、～から

山に行ったんです

산에 갔거든요.

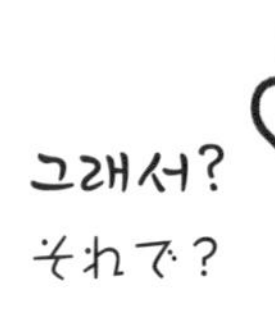

基本形	例
語幹＋거든(요)	바쁘거든요　忙しいんです 괜찮거든요　いいんです 알거든　わかっているから

- -거든は、質問に対して理由や根拠を説明したり（用法［1］）、話の導入で「～なんだ（だから）」と状況を説明する（用法［2］）ときに用います。目上の人には -거든요を使います。-거든요の発音は、ㄴの挿入により、［거든뇨］になります。聞き手の知らない情報を伝えるのがポイントです。

  例 A：점심 안 먹어?　　B：아까 먹었거든.（用法［1］）
  昼ごはん、食べないの？　さっき食べたんだ

  내일은 시간이 없거든요. 모레는 어떠세요?（用法［2］）
  明日は時間がないんです。あさってはいかがですか

- 最近の話し言葉では話し手の気持ちをくみ取ってほしいというニュアンスでもよく使われます（用法［3］）。

  例 나 피곤하거든.　わたし疲れているから（話しかけないで）

- 母音終わりの名詞のあとでは指定詞の語幹이が省略されます。

  例 형이거든요 / 오빠거든요.　お兄さんなんですよ

11-1 用法[1][2]の例です。–거든요を用いて対話文を完成させましょう。

① A：술은 안 먹죠?
　B：저도 술 잘 (먹다 → 먹거든요.)

② A：내일도 회사에 가죠?
　B：아뇨, 집에 있어요. 쉬는 날 (이다 →)

③ A：내일 술 한잔 할까요?
　B：미안해요. 내일은 약속이 (있다 →)

④ A：제가 다음 주에 한국에 (가다 →)
　B：그럼 다음 주에는 못 만나겠네요.

⑤ A：다음 달에 서울로 가요. (취직됐다 →)
　B：어머? 잘됐네요.

☞ 네요 (⇒ 52頁) ～ですね

11-2 (　　) にふさわしい単語を選び、–거든요もしくは –거든 を用いて会話文を完成させましょう。(5 歳の娘と食卓でのやり取りです)

화나다　싶지 않다　먹을 거다　배부르다

엄마：엄마 말을 안 들을 거야? 엄마 (① 화났거든.)

딸　：진짜 밥 먹고 (②)
　　아빠가 대신 먹어 주세요.

아빠：아빠는 다 먹어서 (③)

딸　：저도 배불러요.

엄마：그럼 먹지 마.
　　이따가 엄마만 아이스크림 (④)
　　넌 안 먹을 거지?

なるほど…
①は用法[3]、②と③は用法[1]、④は用法[2]だね。

12 -잖아(요)(?)

~じゃない、~でしょ?

雨が降っているじゃないですか

基本形	例
語幹＋잖아(요)(?)	하잖아　やっているじゃない 먹잖아요　食べているじゃないですか 알잖아?　知っているでしょ?

- −잖아は、話し手がそのようだと思っていることや、聞き手が知っていることを前提に「~じゃない」「~でしょ?」という反語として使われることが多いです。目上の人には −잖아요を使います。

  例 같이 가잖아요.　一緒に行くじゃないですか

- 「したんじゃない?」「~したでしょ?」は −잖았어ではなく、−았/었잖아です。

  例 지난번에 같이 갔잖아?　この前一緒に行ったじゃない?

- 母音終わりの名詞のあとでは指定詞の語幹이が省略されます

  例 저 사람 누구야?　あの人は誰?
  다나카 씨의 형이잖아 / 오빠잖아.　田中さんの兄さんじゃない

알다（わかる）/모르다（わからない）、있다（ある）/없다（ない）、이다（である）/아니다（でない）などは、単純否定の−지 않다の形は使われませんが、−잖아(요)の形で反語として使われる場合はOKです。
例）알잖아?　知っているでしょ?

12-1 (　　) にふさわしい単語を選び、−잖아요もしくは −잖아を用いて会話文を完成させましょう。(息子と母親のやり取りです)

말했다　먹었다　바쁘다　되다　보다

엄마 : 아직도 청소 안 했어? 엄마가 (① 말했잖아.)
아들 : 엄마, 내가 엄청 (② 　　　　　　　　)
엄마 : 뭐가 바빠?
아들 : 다음 주에 기말 시험을 (③ 　　　　　　　　)
엄마 : 응? 엄마는 처음 듣는데.
　　그래도 청소는 해야지.
아들 : 알았어요. 지금 하면 (④ 　　　　　　　　)
엄마 : 점심에 라면 먹을래?
아들 : 어제도 라면 (⑤ 　　　　　　　　)

☞ 엄청 非常に −는데 (⇒ 98頁) ~だけど

12-2 −잖아 (〜じゃない) を用いて対話文を完成させましょう。

① A : 내일 약속, 몇 시였지?
　B : 잊어버렸어? (5시(이)다 → 5시잖아.)
② A : 내 안경 어디 갔지?
　B : 안경? 여기 (있다 → 　　　　　　　　)
③ A : 이게 뭐지? 네 거 (아니다 → 　　　　　　　　)
　B : 그래. 엄마 거야.
④ A : 가르쳐 줘. 너는 (알다 → 　　　　　　　　)
　B : 알았어. 이따가 말해 줄게.
⑤ A : 넌 알아? 너도 (모르다 → 　　　　　　　　)
　B : 내가 왜 몰라.

13 -네(요)

～(だ)ね、～(だ)よ

基本形	例
語幹＋네(요) (ㄹ語幹はㄹが落ちる)	바쁘네요　忙しいんですね 좋네요　いいんですね 아네요　わかっているんですね

- −네は、話し手が直接見たり聞いたりして、「あら」「おや」「えっ」と新たな発見があったり感じたときに用います。目上の人には −네요を使います。独り言、詩などでもよく使われます。

  例 비가 오네. 雨が降ってきたね / 雨が降る

- 母音終わりの名詞のあとでは指定詞の語幹이が省略されます。

  例 형이네요 / 오빠네요. お兄さんですね

- −았/었네（～したね）、−겠네（～しそうだね）などの形もあります。

  例 비가 왔네.（地面が濡れているのを見て）雨が降ったんだね
  비가 오겠네.（空を見て）雨が降りそうだね

−네(요)は、発見や感嘆のほかに、単純な叙述形として使われることもあります。この場合は話し手の考えなどを表し、年配の方がよく使います。「～だよ」「～だな」などと訳されます(⇒71頁の20-1参照)。

例）먼저 가네. 先に帰るよ

13-1 (　　) にふさわしい単語を選び、-네요を用いて会話文を完成させましょう。（ハングル教室でのやり取りです）

쓰다	귀엽다	보이다	바쁘다	모양이다

A：한글을 정말 예쁘게 (① 쓰네요.)
B：뭘요. 저보다 다나카 씨가 더 잘 써요.
A：이 볼펜, 아주 (② 　　　　　　　)
　어디서 샀어요?
B：역 앞 가게에서 샀어요. 정말 귀엽죠?
　월말이라서 요즘 많이 바쁘지요?
A：네. 좀 (③ 　　　　　　　)
　아, 비가 오는 (④ 　　　　　　　)
B：정말! 저기 우산을 쓰고 가는 사람이 (⑤ 　　　　　　　)

☞ -는 모양이다 (⇒ 250頁) ～ようだ　우산을 쓰다 傘をさす

-네 (～ね) を用いて文を完成させましょう。

① (退社する人に)
어? 오늘은 일찍 (퇴근하다 → 퇴근하네.)

② (疲れた顔で)
오늘은 몸이 좀 안 (좋다 → 　　　　　　)

③ (食卓で)
밥맛이 (없다 → 　　　　　　)
이따가 먹을게.

④ (ズボンを穿いてみて)
나한테는 좀 (크다 → 　　　　　　)
한 사이즈 작은 걸로 입어 볼까?

－군(요)

～(だ)ね、～なぁ

まことにいいですね

基本形	例
動 語幹＋는군(요) （ㄹ語幹動詞はㄹが落ちる）	오는군요　来ているんですね 아는군　知っているね
形 存 指 語幹＋군(요)	좋군요　いいですね 길군　長いな
過去形・겠＋군(요)	더웠군 / 덥겠군　暑かったな / 暑いだろうな

- －군は、話し手が直接見たり聞いたりして、「へぇ！」と改めて感じたり驚いたりしたときに用います。目上の人には－군요を使います。

  例 바지가 좀 길군요. ズボンがちょっと長いですね

- 動詞の現在形だけ－는군(요)がつきますが、過去形や겠のあとには品詞を問わず－군(요)がつきます。
- －군と似た表現に－구나があります。－구나は한다体、－군は해体にあたります。

  例 바지가 좀 길구나. ズボンがちょっと長いなぁ

- －네요が柔らかい印象を与えて女性が好んで使うのに対し、－군요は男性や年配の方が好んで使う傾向があります（⇒ 56頁）。
- 母音終わりの名詞のあとでは指定詞の語幹이が省略されます。

  例 형이군요 / 오빠군요. お兄さんなんですね

14-1 (　　) にふさわしい単語を選び、−군요を用いて会話文を完成させましょう。
(同好会でのやり取りです)

오다　몰랐다　좋다　그랬다

남성 : 저기 다나카 씨가 (① 오는군요.　)
여성 : 어디요? 아, 정말이네.
오늘 다나카 씨 생일인 거 알죠?
남성 : 네? 아, (②　　　　　). 저만 (③　　　　　)
저 옆에 있는 사람이 다나카 씨 부인?
여성 : 네. 정말 미인이시죠?
남성 : 그렇네요. 이제 다 모였으니까 가시지요.
오래만에 만나니까 참으로 (④　　　　　)
여성 : 네. 정말 좋네요.

☞ 미인 美人

14-2 −(는) 구나 (〜だわね) を用いて対話文を完成させましょう。
(おばあさんとレストランに行ったときのやり取りです)

① A : 너희 아빠가 좀 (늦다 →　　　　　)
B : 아, 저기 오시네요.
② A : 저쪽 자리는 좀 (덥겠다 →　　　　　)
B : 이쪽으로 앉으세요.
③ A : 이 자리는 좀 (불편하다 →　　　　　)
B : 다른 자리로 옮기시죠.
④ A : 여기는 마음에 (들다 →　　　　　)
B : 잘됐네요.
⑤ A : 치즈 케이크가 아주 (맛있다 →　　　　　)
B : 네. 아주 맛있네요.

お悩み解決コーナー 

-네요 vs -군요　どう使い分ける?

-네요も -군요も感嘆を表わすと言われますが、それぞれニュアンスの違いがあります。-네요は小さな発見やちょっと意外だという気持ちを表わす時に用いられ、-군요はしみじみと感心した時や驚いた時に用いられます。

まず、よく会話で相槌として使われる그렇네요と그렇군요を比べてみましょう。

그렇네요.

そうですね

그렇네요は、相手への同意・共感を気持ちをこめて「そうですね」と相槌を打つ時に用います。

그렇군요.

そうなんですか

그렇군요は、知らなかった事実を聞かされた時に驚きを込めて「そうなんですか」と相槌を打つ時に用います。

그렇다以外の用言については、感嘆の程度の差によって−네요と −군요を使い分けます。

좀 춥네.

ちょっと寒いわね

−네(요)は、小さな発見や驚きを表わすのに用いられます。女性の方がよく使います。

정말 춥군요.

ほんとうに寒いですね！

−군요は、心から感じ入った時に用います。男性の方がよく使います。

예쁘네.

きれいね

独り言においては、−군요は使えません。

15 −는(ㄴ/은)데(요)

～(する)けど、～(する)が

暑くないですけど…

基本形	例
動 存 語幹 ＋는데(요) (ㄹ語幹はㄹが消える)	맛있는데요　おいしいですよ 사는데요　住んでいるんですけど
形 指 語幹 ＋ㄴ/은데(요) (ㄹ語幹はㄹが消える)	원장인데요　院長ですが 긴데요　長いんですが
過去形・겠＋는데(요)	더웠는데 / 덥겠는데　暑かったんだよ / 暑そうね

- −는(ㄴ/은)데は、「～するけど」「～するが」と婉曲に表現したり余韻を残す場合に用います。断定的な言い回しを避けた優しい印象を与えます。目上の人には −는(ㄴ/은)데요を使います。（接続形については、⇒ 98頁）

  例 그다지 안 더운데요. それほど暑くありませんが

- 品詞によって語尾の形が異なるのでしっかり形を覚えましょう。基本的に「現在連体形＋데」の形です。過去形や겠のあとは品詞を問わず −는데(요)です。

  例 그렇게 안 더웠는데. そんなに暑くなかったけど

Plus+ ONE 疑問詞＋는(ㄴ/은)데(요)? の形もあります（⇒ 29頁）。
例）왜 모르는데? なんでわからないの？

15-1 動詞・存在詞には -는데요、形容詞・指定詞には -ㄴ/은데요をつけて、対話文を完成させましょう。

① A : 누구시죠?
　B : 옆집 사람 (이다 → 인데요.　)

② A : 여보세요? 거기 시청이죠?
　B : 네? (아니다 →　　　　　　　　)

③ A : 덥지요?
　B : 그다지 안 (덥다 →　　　　　　　　)

④ A : 좀 짜지요?
　B : 아니, (괜찮다 →　　　　　　　　)

⑤ A : 너, 돈 있지?
　B : 아니, (없다 →　　　　　　　　)

(　　　) にふさわしい単語を選び、-았/었는데요を用いて文を完成させましょう。(衣料品店で働く人たちのやり取りです)

끝나다　바쁘다　많다　먹다　퇴근하시다

① 오늘 영업은 (끝났는데요.　)
今日の営業は終わったんですが

② 사장님은 먼저 (　　　　　　　)
社長は先に退社しましたが

③ 어제는 손님이 (　　　　　　　)
昨日はお客さんが多かったんですが

④ 오늘은 그다지 안 (　　　　　　　)
今日はそれほど忙しくなかったですけど

⑤ 아직 점심을 못 (　　　　　　　)
まだ昼食を食べていないんですけど

10〜15の復習 5分間の力だめし!

❖日本語訳に合うように、正しいものを選んでください。
両方とも可能な場合もあります。

❶ 3월이니까 곧 봄이 (오겠지요 / 오지요).
3月だからもうすぐ春が来るでしょう。

❷ 그건 당신도 (알잖아요 / 알거든요). 몰랐어요?
それはあなたも知っているでしょう。知らなかったんですか?

❸ A : 주말에는 일이 (있지요 / 있거든요).
그래서 사장님 댁에는 못 갈 것 같아요.
週末には用事があるんです。だから社長のお宅には行けそうもありません。

B : (그렇군요 / 그렇네요). 알았어요.
そうなんですか。わかりました。

❹ 잘 지내셨어요? 무척 오래간만(이네요 / 이군요).
お元気でしたか。ずいぶんお久しぶりですね。

❺ 제가 교장(인데요 / 이잖아요). 무슨 일이세요?
私が校長ですが。何のご用ですか。

▶ 10 〜 15 の答え

① (**오겠지요** / 오지요)
② (**알잖아요** / 알거든요)
③ A (있지요 / **있거든요**)
B (**그렇군요** / 그렇네요)
④ (**이네요** / **이군요**)
⑤ (**인데요** / 이잖아요)

目的・意志の表現

16 -(으)러

17 -기 위해(서)

18 -(으)려(고)

19 -ㄹ/을까 하다

20 -기로 하다

ここでは、「〜しに(行く / 来る)」「〜(する)ために」「〜しようと」「〜しようか(な)と思う」「〜(する)ことにする」などの目的や意志、決心などの表現について学びます。

16 －(으)러

～しに（行く/来る）

韓国語を学びに通っています

基本形	例
母音語幹 ＋ 러	배우러　学びに
子音語幹 ＋ 으러	먹으러　食べに
ㄹ語幹　＋ 러	놀러　遊びに

- 「～しに」という目的を表す－(으)러は、主に가다・오다・다니다などの往来動詞とともに用いられます。

  例 홋카이도에 놀러 가요.　北海道に遊びに行きます

- ただし、動作名詞の여행（旅行）・출장（出張）のあとには －하러 가다ではなく、－를/을 가다（～に行く）の形を使います。

  例 ○여행을 가요　旅行に行きます
  ×여행하러 가요

16-1 (　　)にふさわしい単語を選び、-(으)러を用いて文を完成させましょう。

배우다	하다	빌리다	놀다	만나다

① 4월부터 한국어를 (배우러) 다녀요.
4月から韓国語を学びに通っています

② 남편은 운동(　　　　　　　) 나갔어요.
夫は運動しに出かけました

③ 친구가 우리 집에 (　　　　　　　) 왔어요.
友人がうちに遊びに来ました

④ 저를 (　　　　　　　) 온 거예요.
私に会いに来たんです

⑤ 어제는 책을 (　　　　　　　) 도서관에 갔었어요.
昨日は本を借りに図書館に行っていました

16-2 Aの質問に、-(으)러を用いて答えましょう。

① A : 어떻게 오셨어요?
B : 부장님을 만나러 왔어요. (부장님을 만나다)

② A : 요즘 어디 다니세요?
B : ＿＿＿＿＿＿＿＿＿＿＿＿＿＿ (한국 요리를 배우다)

③ A : 과장님은 어디 나가셨어요?
B : ＿＿＿＿＿＿＿＿＿＿＿＿＿＿ (도시락을 사다)

④ A : 10층에는 왜 올라오셨어요?
B : ＿＿＿＿＿＿＿＿＿＿＿＿＿＿ (자료를 찾다)

なるほど…「～しに行く/来る/通う」の
「に」にあたるのが -(으)러 なんだ。

17 –기 위해(서)

～(する) ために （目的）

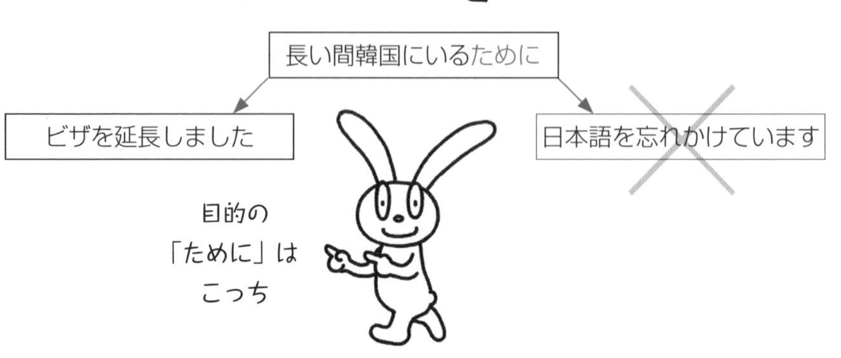

基本形	例
語幹 + 기 위해(서)	배우기 위해서　学ぶために 잡기 위해서　捕まえるために 살기 위해　生きるために

- –기 위해(서)は「～するために」という目的を表す慣用表現です。–기 위해(서)の서は省略することができます。理由を表わす「～ために」は、–기 위해(서)では表現できません。

  例 한국어를 배우기 위해 한국에 갔어요. 韓国語を学ぶために韓国に行きました

- –기 위해서のあとに助詞는·도や입니다などをつけることができます。この場合は「서」を省略することはできません。

  例 공부하기 위해서는　勉強するためには
  공부하기 위해서입니다.　勉強するためです

- 体言には–를/을 위해(서)をつけます。

  例 건강을 위해!　健康のために！（「体言+때문에」については、⇒122頁）

17-1 (　　)にふさわしい単語を選び、-기 위해を用いて文を完成させましょう。(韓国語を勉強しているときのことです)

풀다　바꾸다　질문하다　잊지 않다　올리다

① 연습 문제를 (풀기 위해) 문제집을 꺼냈어요.
練習問題を解くために問題集を取り出しました

② 모르는 것은 (　　　　　　) 메모를 했어요.
わからないことは質問するためにメモをしました

③ 단어를 (　　　　　　) 여러 번 썼어요.
単語を忘れないために何回も書きました

④ 성적을 (　　　　　　) 열심히 공부했어요.
成績を上げるために一生懸命勉強しました

⑤ 생활 습관을 (　　　　　　) 노력했어요.
生活習慣を変えるために努力しました

17-2 Aの質問に、「～するためです(-기 위해서입니다)」を用いて答えましょう。

① A : 왜 컴퓨터를 가져가죠?
B : 일하기 위해서입니다. (일하다)

② A : 왜 일하죠?
B : ______________________
(꿈을 이루다)

③ A : 왜 학원에 다니죠?
B : ______________________
(대학에 가다)

④ A : 왜 밥을 안 먹죠?
B : ______________________
(살을 빼다)

⑤ A : 왜 회사를 그만뒀죠?
B : ______________________
(장사[商売]를 하다)

18 -(으)려(고)

~しようと

요가를 배우려고 해요.

基本形	例
母音語幹 + 려고	배우려고　習おうと
子音語幹 + 으려고	덮으려고　(本を) 閉じようと
ㄹ語幹　+ 려고	놀려고　遊ぼうと

- -(으)려(고)は、「~しようと」という話し手の意図や計画などを表すときに用います。疑問文では聞き手の意図や計画を尋ねることもできます。書き言葉では-(으)려(고)の고は省略することができます。

  例 밥을 먹으려 했지만 밥이 없었다.　ご飯を食べようとしたがご飯がなかった

- -(으)려(고) 하다には、「~しようと思う」と「~しようとする」という2つの意味があります。-(으)려(고) 하다の하다は、생각하다に置き換えることができます。

  例 요가를 배우려고 해요(=생각해요).　ヨガを習おうと思っています

- -(으)려고に、丁寧を表す요がついた-(으)려고요(?) (~しようと思っているんですか、~しようと思います) も合わせて覚えておきましょう。

  例 뭘 배우려고요?　何を習うんですか

  요가를 배우려고요.　ヨガを習おうと思います

- 物を主語に置いて-(으)려고 하다が使われることもあります。

  例 버스가 떠나려고 한다.　バスが出ようとしている

18-1 (　　　) にふさわしい単語を選び、–(으)려고を用いて文を完成させましょう。
(韓国語を勉強している A さんです)

공부하다　발표하다　다니다　덮다　읽다

① 한국어를 (공부하려고) 사전을 샀어요.
韓国語を勉強しようと辞書を買いました

② 매일 한국어를 소리 내서 (　　　　　　　) 해요.
毎日韓国語を声に出して読もうと思っています

③ 교과서를 (　　　　　　　) 할 때 전화가 왔어요.
教科書を閉じようとしたとき電話が鳴りました。

④ 내일 한국어로 (　　　　　　　) 연습했어요.
明日韓国語で発表しようと練習をしました

⑤ 다음 달부터 한국어 교실에 (　　　　　　　) 생각해요.
来月から韓国語の教室に通おうと思います

18-2 Aの質問に、–(으)려고요を用いて答えましょう。

① A：언제 한국에 가려고?
B：다음 달에 가려고요. (다음 달에 가다)

② A：모임은 어디서 하려고?
B：＿＿＿＿＿＿＿＿＿＿＿＿
(한국 식당에서 하다)

③ A：저녁은 뭘 먹으려고?
B：＿＿＿＿＿＿＿＿＿＿＿＿
(삼겹살을 먹다)

④ A：내일 누구를 만나려고?
B：＿＿＿＿＿＿＿＿＿＿＿＿
(사장님을 뵈다 [お目にかかる])

⑤ A：여름 방학엔 뭘 하려고?
B：＿＿＿＿＿＿＿＿＿＿＿＿
(면허를 따다 [免許を取る])

なるほど…
–(으)려고って
自分のことにも
相手のことにも
使えるんだ。

-ㄹ/을까 하다

～しようか(な)と思う

ぼくもヨガを
習おうかと思っている

나도 요가를
배울까 해.

基本形	例
母音語幹 + ㄹ까 하다	배울까 합니다　習おうかと思います
子音語幹 + 을까 하다	끊을까 해　(タバコを)やめようかと思うの
ㄹ語幹(ㄹが消える) + ㄹ까 하다	만들까 해요　作ろうかと思います

- -ㄹ/을까に、하다がついた形で、「～しようか(な)と思う」という漠然とした話し手の計画などを表すときに使います。
- -ㄹ/을까 하다の하다は「思う」という意味です。하다は싶다や보다に置き換えることができます。意味の違いはありません。

  例 요가를 배울까 해요(=싶어요=봐요). ヨガを習おうかと思います
- -ㄹ/을까 말까(～しようかしまいか)という表現もあります。

  例 요가를 배울까 말까 생각 중이에요.
  ヨガを習おうかどうしようか考えています

-ㄹ/을까 봐(서)(～かと思って)は、話し手がそうなることへの不安や心配を覚えているときに使います。話し言葉では、-ㄹ/을까 봐の形がよく使われます。

例) 형이 울까 봐 말을 못했어. 兄が泣くかと思って話せなかったよ

19-1 (　　) にふさわしい単語を選び、-ㄹ/을까 합니다を用いて文を完成させましょう。(これからやりたいことを言っています)

도전하다 　가다 　먹다 　내다 　심다

① 내년엔 이탈리아어에 (도전할까 합니다.)
来年はイタリア語にチャレンジしようかと思います

② 5년 내에 이탈리아로 여행을 (　　　　　　　　　)
5年以内にイタリアへ旅行に行こうかと思います

③ 멋진 카페를 (　　　　　　　　　)
素敵なカフェを出そうかと思います

④ 마당에 감나무를 (　　　　　　　　　)
庭に柿の木を植えようかと思います。

⑤ 요리를 배워서 직접 만들어 (　　　　　　　　　)
料理を習って自分で作って食べようかなと思います

19-2 与えられた語句を用いて「～かなと思って～しました (-ㄹ/을까 해서 -았/었어요) という文を作りましょう。

① 별이 보이다 星が見える / 밖에 나오다 外に出る
→ 별이 보일까 해서 밖에 나왔어요.

② 선배가 기다리다 先輩が待つ / 연락을 하다 連絡をする
→

③ 일을 도와주다 仕事を手伝う / 찾아가다 訪ねる
→

④ 양복을 맞추다 スーツをあつらえる / 백화점에 가다 百貨店に行く
→

⑤ 뒤에는 잘 안 들리다 後ろにはよく聞こえない / 크게 말하다 大声で話す
→

20 -기로 하다

～(する) ことにする

ヨガを習う
ことにしました

요가를 배우기로 했지.

基本形	例
語幹＋기로 하다	배우기로 하지　習うことにするよ 접기로 했어　(事業を) 畳むことにした 살기로 했어　暮らすことにした

- -기로 하다は、叙述文では話し手の意志や決心を表し、疑問文では聞き手の意志や決心を確認するときに使います。

  例 뭘 배우기로 했어? 何を習うことにしたの?

  요가를 배우기로 했지. ヨガを習うことにしたよ

- -기로 하다の하다の代わりに결심하다も使われます。

  例 유학을 가기로 결심했네. 留学に行くことを決心したよ

- 個人の意思や決心ではなく、会社や部署など全体の決定などにも使われます。この場合日本語訳は「～することになる」です。

  例 회의는 연기하기로 했습니다. 会議は延期することになりました

-기는 하다は、「～することはする(しかし)」という意味の表現です。

例) 해산물은 먹기는 해요. 그런데 그다지 좋아하지는 않아요.

海産物は食べることは食べます。しかしそれほど好きではありません

20-1 (　　)にふさわしい単語を選び、−기로 했네を用いて文を完成させましょう。(50代の男性が友人に近況報告を兼ねて手紙を書いています)

접다	살다	짓다	시작하다

① 올해로 사업을 (접기로 했네.)
今年で事業を畳むことにしたよ

② 고향에 돌아가서 농사나 (　　　　　　　　)
故郷に帰って農業でもすることにしたよ　▽농사를 짓다で「農業をする」

③ 철학 공부도 다시 (　　　　　　　　)
哲学の勉強も再び始めることにしたよ

④ 일만 하지 않고 여유롭게 (　　　　　　　　)
仕事ばかりせず、のんびりと暮らすことにしたよ　☞ −게 ～く (⇒74頁)

なるほど… −네には発見や感嘆以外の用法もあるんだね (⇒52頁)

20-2 Aの質問に、−기로 했어を用いて返事を完成させましょう。

① A：여행은 언제 가려고?
B：7월에 (가기로 했어.)

② A：여행 가방은 어디서 사려고?
B：면세점에서 (　　　　　　　　)

③ A：이번엔 어디서 묵으려고?
B：친구 집에서 (　　　　　　　　)

④ A：뭘 타고 가려고?
B：배를 (　　　　　　　　)

⑤ A：언제 돌아오려고?
B：안 (　　　　　　　　)　☞ 면세점 免税店　묵다 泊まる

16〜20の復習 5分間の力だめし!

❖日本語訳に合うように、正しいものを選んでください。

❶ 형은 친구를 (만나러 / 만나려고) 나갔어요.
兄は友人に会いに出かけました。

❷ 자료를 (찾으러 / 찾으려고) 했지만 못 찾았어요.
資料を探そうとしましたがみつかりませんでした。

❸ 전철을 (타는 / 타기) 위해 역으로 향했어요.
電車に乗るために駅に向かいました。

❹ 다음 달부터 요가를 (배울까 / 배우기로) 해요.
来月からヨガを習おうかと思っています。

❺ 여동생과 같이 한국어를 (배울까 / 배우기로) 했어요.
妹といっしょに韓国語を学ぶことにしました。

▶16〜20の答え

① (만나러 / 만나려고)
② (찾으러 / 찾으려고)
③ (타는 / 타기)
④ (배울까 / 배우기로)
⑤ (배울까 / 배우기로)

品詞の変身

21 −게

❖ −게 되다　さまざまな日本語訳

❖ 「〜させる」韓国語ではどう言う?

22 ㊅+아/어지다

❖ −아/어지다 vs −게 되다

23 ㊍+아/어지다

24 ㊅+아/어하다

25 −기

❖ −기 vs −는 것

26 −ㅁ/음

❖ −기 vs −ㅁ/음

ここでは動詞や形容詞から副詞をつくる「−게」や、形容詞から自動詞に変身させる「−아/어지다」「−아/어하다」、他動詞から自動詞に変身させる「−아/어지다」、名詞に変身させる「−기」と「ㅁ/음」の用法や似た表現の使い分けなどについて学びます。

21 -게

〜く/に、〜ように

좋게 됐어 よくなった

예쁘게 됐어 きれいになった

말하게 됐어 話すようになった

基本形	例
形 存 語幹＋게	예쁘게 きれいに 맛있게 おいしく
動 語幹＋게	가게 行くように 일하게 働くように

- 様態や程度などを表す-게は、形容詞や存在詞につくと「〜く」「〜に」という副詞に変化させます。

  例 맛있게 드세요. おいしく召し上がってください

- 動詞の語幹に-게がつくと、「〜ように」という意味になります。
- -게 되다は、「〜(形容詞)く/になる」「〜(動詞)することになる/するようになる」という変化や状態を説明するときに用います。

  例 다음 달에 결혼하게 됐어요. 来月結婚することになりました

Plus+ ONE

動＋게 하다は「〜させる」「〜(する)ようにする」という使役の表現です
(-게 하다については、⇒78頁)。

例）가게 해 주세요. 行かせてください

(　　　) にふさわしい単語を選び、–게 を用いて文を完成させましょう。
(おばさんに手紙を書いています)

반갑다　건강하다　예쁘다　맛있다　행복하다

① 보내 주신 편지 (반갑게) 받았습니다.
送ってくださったお手紙、うれしく拝見しました

② 저는 (　　　　　　) 지내고 있습니다.
私は元気に過ごしております

③ 여기에도 봄꽃이 (　　　　　　) 피었어요.
ここも春の花がきれいに咲きました

④ 과자는 (　　　　　　) 먹었습니다.
お菓子はおいしくいただきました

⑤ 건강하시고 (　　　　　　) 지내세요.
お元気で、幸せにお過ごしください

なるほど… 形容詞に –게 がつくと
副詞に変身するんだ。

21-2 A「〜することになられましたか？(–게 되셨어요?)」、B「はい、〜することになりました (–게 됐습니다)」というやり取りを完成させましょう。

① 이사를 가다　引っ越しする

A：이사를 (가게 되셨어요?)
B：네, 이사를 (가게 됐습니다.)

② 가게 문을 닫다　店を閉める

A：가게 문을 (　　　　　　　　)
B：네, 가게 문을 (　　　　　　　　)

③ 농사를 짓다　農業をする

A：농사를 (　　　　　　　　)
B：네, 농사를 (　　　　　　　　)

お悩み解決コーナー 

-게 되다　さまざまな日本語訳

-게 되다は前に来る用言の種類によって「〜くなる」「〜になる」「〜ようになる」と日本語訳が変わると言いましたが、動詞+**게 되다**も文脈によっても訳がさまざまに変わります。「〜ようになる=そういう状況になる」という基本の意味が、場面が変わるとどんな日本語訳に対応しているのか見ていきましょう。

한국에 관심을 가지게 되었다.

韓国に興味を持つようになった

人の意志とまったく関係のない行為の場合は、「〜ようになる」と訳すことが多いです。

한국에 유학을 가게 되었다.

韓国に留学することになった

自分の意志がかかわる行為の場合は、「〜ことになる」と訳すこともあります。

그를 우연히
알게 되었다.

彼と偶然知り合った

알게 되다は「知り合う」を意味する慣用表現です。

일본에 오게 되면
꼭 연락 주세요.

日本に来ることがあれば、
必ずご連絡ください

–게 되면の形で用いられると、「そういう機会があれば」「〜ことがあれば」という日本語の表現に当たることがあります。

다시 만나게
될 거야.

また会えるさ

「また会う機会がある」つまり「また会える」というふうに、「〜できる」と訳すこともあります。

お悩み解決コーナー 8

「〜させる」 韓国語でどう言う？

韓国語における使役表現「〜させる」は、大きく3種類に分かれます。一つは、他動詞に이·히·리·기·우·추をつけた使役動詞です。これらの使役動詞はその都度覚えましょう。

例） 먹다 食べる / 먹이다 食べさせる　　입다 着る / 입히다 着せる
　　울다 泣く / 울리다 泣かせる　　웃다 笑う / 웃기다 笑わせる
　　자다 寝る / 재우다 寝かせる　　맞다 合う / 맞추다 合わせる

아기를 재워 줘.

赤ちゃんを寝かせてちょうだい

재우다「寝かせる」は자다「寝る」から派生した使役動詞です。

もう一つの使役表現は、語幹＋게 하다です。上の使役動詞が直接相手に行為を及ぼすのに対し、-게 하다は間接的にそうするようしむける·許すという意味で用いられます。よく-게 해 주세요「〜させてください」とお願いをするときに使います。

좀 자게 해 줘.

寝かせてくれよ

자게 하다の使役形は、間接的な「〜させる」を表わします。

「〜させない」は、-지 못하게 하다もしくは못 -게 하다で表現します。

못 자게 했어.

寝かせてくれなかった

韓国語には「〜させていただきます」にあたる表現がなく、単純に「〜します」と表現するのが一般的です。

오늘은 쉽니다.

今日は休ませていただきます＝
今日は休みます

最後に、하다動詞の場合は시키다「させる」を使って使役を表現します。
例）공부하다 勉強する / 공부시키다 勉強させる

공부시켜야 돼.

勉強させなくちゃ

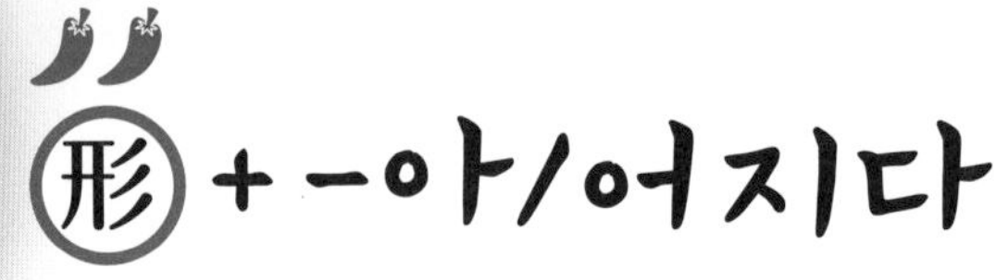

~く/になる

発音が
よくなりました

발음이 좋아졌어요.

基本形	例
陽母音（ㅏ, ㅑ, ㅗ）語幹 + 아지다	좋아졌어요　よくなりました
陰母音（ㅏ, ㅑ, ㅗ 以外）語幹 + 어지다	싫어졌다　嫌になった
하다用言 → 해지다	행복해져요　幸せになります

- -아/어지다は、形容詞の語幹について「～く/になる」という状態の変化を表す表現です。

  例 안색이 좋아졌어요.　顔色がよくなりました

- 自然現象には-아/어지다でなければなりません。-게 되다を用いることはできません（-아/어지다と게 되다の違いについては、82頁を参照）。

  例 寒くなった　○추워졌다　×춥게 됐다

- 形容詞の語幹に-아/어지다をつけると自動詞になるので、連体形や한다体など品詞によって異なる語尾を選ぶ場合には注意が必要です。

	<連体形>	<한다体>
形 행복하다　幸せだ	행복한 일	행복하다
動 행복해지다　幸せになる	행복해지는 일	행복해진다

22-1 形容詞の語幹に−아/어지다をつけて動詞にして、その意味を書いてみましょう。

① 싫다 嫌だ → 싫어지다 （ 嫌になる ）

② 젊다 若い → （ ）

③ 심하다 ひどい → （ ）

④ 깨끗하다 きれいだ → （ ）

⑤ 불편하다 不便だ → （ ）

⑥ 춥다 寒い → （ ）

⑦ 먹고 싶다 食べたい → （ ）

☞ 싶다は、形容詞です。

22-2 イラストを見て変わったことを、上の単語から選び、−아/어졌어요を用いて文を完成させましょう。

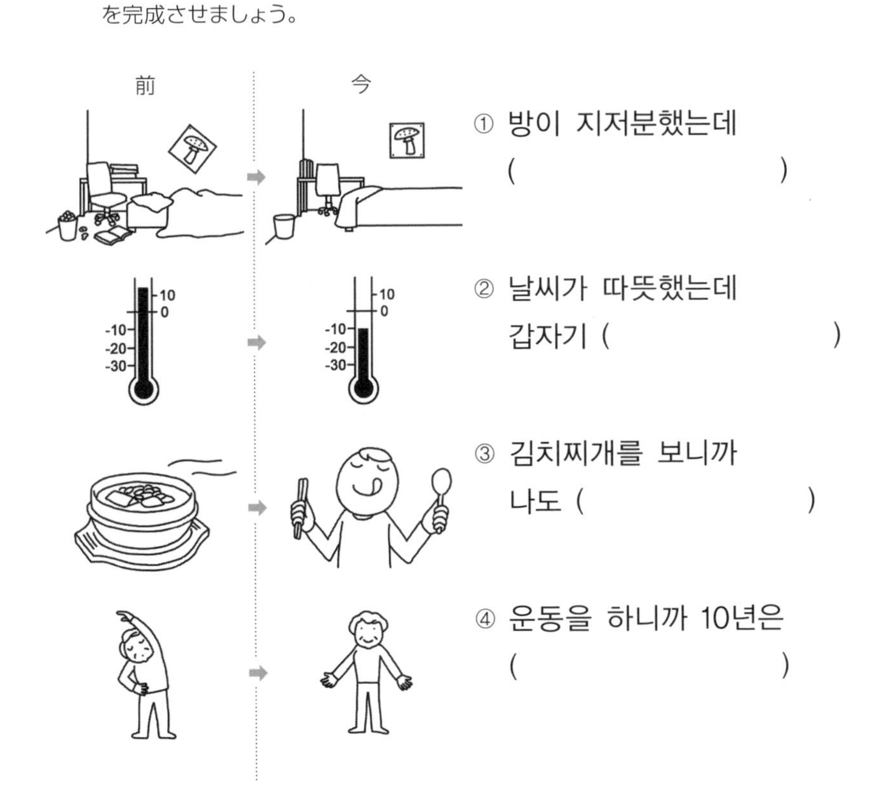

① 방이 지저분했는데
（ ）

② 날씨가 따뜻했는데
갑자기（ ）

③ 김치찌개를 보니까
나도（ ）

④ 운동을 하니까 10년은
（ ）

お悩み解決コーナー 

-아/어지다 vs -게 되다 どう使い分ける?

形容詞とともに用いられる「〜くなる/になる」は、-아/어지다を主に用いて表現しますが、-게 되다が用いられるケースもあります。-아/어지다を用いる「〜くなる/になる」と-게 되다の「〜くなる/になる」のニュアンスの違いを、それぞれ使われている場面を通して見てみましょう。

예뻐졌네.

きれいになったね

-아/어지다は自然に、ひとりでに「そうなる」時によく使われます。

예쁘게 됐네.

きれいになったわ

-게 되다は、誰かが意図的にやった行為で「そうなる」場合によく使われます。特に、そうなるようにした人物がその場にいる時には、-게 되다を用います。

맛있어졌네.

おいしくなったね

一晩置いて自然においしくなったので、
-아/어지다を用います。

맛있게 됐네.

おいしくなったね

塩を足しておいしくした人に向かって「おいしくなった」と言っているので-게 되다を用います。

추워졌네.

寒くなったね

「寒くなったね」を「추워졌네」とは言いますが、「춥게 됐네」とは表現しません。「誰かが意図的に」寒くしようとする場面があまりないからです。

動 + -아/어지다

~られる

基本形	例
陽母音（ㅏ, ㅑ, ㅗ）語幹 + 아지다	살아진다　生きられる
陰母音（ㅏ, ㅑ, ㅗ 以外）語幹 + 어지다	이루어진다　叶えられる / 叶う
하다用言 → 해지다	정해졌다　決められた / 決まった

- 一部の他動詞に-아/어지다がつくと、「～が～される」という自動詞になり、さらに受動形（受身形、～られる）を作ることもできます。（ただし、「～を～される」という被害の受身ではありません）

  例 꿈은 이루어진다. 夢は叶えられる/叶う

  살면 살아진다. 生きたら、生きられる（生きていれば何とかなる）

- 「～られない」は -아/어지지 않다で表現します。

  例 합격했다는 것이 믿어지지 않았다. 合格したのが信じられなかった

Plus+ ONE

受動形（受身形）には-아/어지다のほか、動作名詞＋하다（する）に対して、動作名詞＋되다（される）の形もあります。

금지하다　禁止する　　금지되다　禁止される

また、받다や당하다を用いるものもあります。

칭찬받다　賞賛される　　압도당하다　圧倒される

23-1 次の動詞に−아/어지다をつけて、その意味を書いてみましょう。

① 굽다 焼く → 구워지다 （ 焼かれる ）

② 만들다 作る → （ ）

③ 이루다 叶える → （ ）

④ 켜다 (電気を) つける → （ ）

⑤ 끄다 (電気を) 消す → （ ）

⑥ 깨다 割る → （ ）

⑦ 알리다 知らせる → （ ）

⑧ 지우다 (文字を) 消す → （ ）

23-2 （ ）にふさわしい単語を選び、−아/어졌다を用いて文を完成させましょう。

외우다	주다	짓다	느끼다	정하다

① 나도 모르는 사이에 일정이 (정해졌다.)
私も知らないうちに日程が決まった/決められた

② 우리에게는 한 달이라는 시간이 ( )
私たちには1ヶ月という時間が与えられた

③ 그날따라 단어가 잘 ( )
その日に限って単語がスラスラ覚えられた

④ 그 건물은 최신식으로 ( )
その建物は最新式で建てられた

⑤ 우리 집이 아닌 것처럼 ( )
我が家ではないように感じられた

なるほど… 他動詞に −아/어지다 を
つけると、「〜られる」という受身形になるんだ。

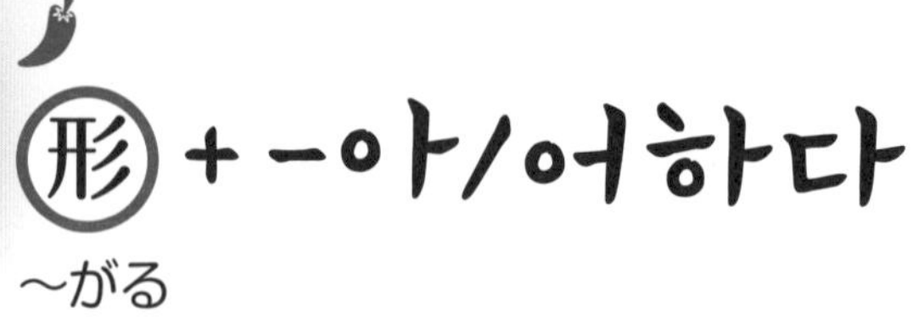

〜がる

슬퍼하다 悲しむ

귀여워하다 かわいがる

행복해하다 幸せそうにする

하다は
「〜がる」だけじゃ
ないんだ

基本形	例
陽母音（ㅏ, ㅑ, ㅗ）語幹 + 아하다	아파하다 痛む
陰母音（ㅏ, ㅑ, ㅗ 以外）語幹 + 어하다	귀여워하다 かわいがる
하다用言 → 해하다	행복해하다 幸せそうにする

- -아/어하다は、主に感情を表す形容詞の語幹について形容詞を動詞に変えます。日本語の「〜い」形容詞を「〜む」動詞にするのと同じです。

  例 痛い 아프다 → 痛む 아파하다

- 形容詞の語幹に-아/어하다をつけると動詞になるので、連体形や한다体など品詞によって異なる語尾を選ぶ場合には注意が必要です。

	<連体形>	<한다体>
形 기쁘다 うれしい	기쁜 일	기쁘다
動 기뻐하다 うれしがる、喜ぶ	기뻐하는 엄마	기뻐한다

-고 싶어하다は-고 싶다に-어하다がついた、「〜したがる」という意味の表現です。

例）엄마가 한국에 가고 싶어해요. 母が韓国に行きたがっています

24-1 形容詞の語幹に−아/어하다をつけて動詞にして、その意味を書いてみましょう。

① 아프다 痛い → 아파하다 (痛む)
② 슬프다 悲しい → ( )
③ 귀엽다 かわいい → ( )
④ 무섭다 怖い → ( )
⑤ 그립다 懐かしい → ( )
⑥ 밉다 憎い → ( )
⑦ 수줍다 恥ずかしい → ( )
⑧ 좋다 よい、うれしい → ( )

24-2 ( )にふさわしい単語を上の解答から選び、日本語訳に合うように活用して、文を完成させましょう。

① 할머니는 막내를 몹시 (귀여워해) 주셨다.
祖母は末っ子をずいぶんかわいがってくださった

② 동생은 밤길을 ( ) 혼자서는 나가지 않는다.
弟は夜道を怖がって一人では出かけない

③ 엄마가 전화하면 이모가 아주 ( ) 거야.
お母さんが電話したら、叔母さんがとても喜ぶよ

④ 사람들은 나만 ( ) 것 같다.
人々は私ばかり嫌うようだ

⑤ 이 소식을 할아버지가 들으시면 ( ) 것 같다.
この知らせをおじいさんが聞かれたら悲しむと思う

「思う」については ⇒ 246頁参照

なるほど… 形容詞に−아/어하다をつけると動詞に変身するんだね。

25 −기 (名詞化の語尾)

〜(する/である)こと

掃除、ご飯作り、洗濯…

청소하기,
밥하기,
빨래하기…

基本形	例
語幹 + 기	밝기　明るさ 밥하기　ご飯作り 열심히 살기　頑張って生きる(こと)

- −기は、動詞や形容詞を名詞に変化させたり、名詞節を作るときに使います。−기のあとには助詞をつけることができます。名詞節は−기 쉽다(〜しやすい)、−기 전에(〜する前に)など慣用表現として使われる場合が多いです(⇒90頁)。

  例 먹기 전에 말해요. 食べる前に言ってください
  　 외우기 쉬워요. 覚えやすいです

- 달리기(ランニング)や크기(大きさ)などの名詞のほか、ことわざやメモ、規則(〜すること)などにも用いられます。

  例 한국어는 듣기가 어렵다. 韓国語は聞き取りが難しい
  　 누워서 떡 먹기. 横になって餅を食べること(朝飯前)
  　 단어 10개 외우기. 単語を10個覚えること(メモ)

- −기(가)+形容詞(좋다・싫다・힘들다 など)の形がよく使われます。−기(가)の「가」は省略することができます。

  例) 공부하기가 힘들어요? 勉強するのがつらいですか

25-1 (　　) にふさわしい単語を選び、-기を用いて文を完成させましょう。
(ソウルの地下鉄でのエチケットです)

서다　　걷다　　타다　　떠들지 않다

① 두 줄로 (서기.)
2列で並ぶこと

② 계단에서 오른쪽으로 (　　　　　　)
階段では右側を歩くこと

③ 먼저 내리고 나중에 (　　　　　　)
先に降りてから乗ること

④ 큰 소리로 (　　　　　　)
大声で騒がないこと

25-2 -기を用いて、20代でやらなければならないことを書いてみましょう。
また、日本語の意味も考えてみましょう。

① 친구를 사귀다 → (친구 사귀기) (友達作り)
友達を作る

② 운전면허를 따다 → (　　　　　　) (　　　　　　)
運転免許を取る

③ 일자리를 구하다 → (　　　　　　) (　　　　　　)
仕事を探す

④ 집을 찾다 → (　　　　　　) (　　　　　　)
家を探す

⑤ 혼자서 살다 → (　　　　　　) (　　　　　　)
独りで暮らす

☞ 친구를 사귀다は-기をつけると、-를/을(～を)を省略して친구 사귀기になります。

お悩み解決コーナー 10

-기 vs -는 것 どう使い分ける?

−기は用言を名詞化するのが基本的な文法機能です。「〜すること」とも訳されるので、連体形＋것との使い分けに悩む学習者も多いかと思います。辞書などには−기＝「〜すること」とあるかもしれませんが、−기は慣用表現の中で用いられることが多く、その場合「〜すること」という日本語訳に相当しないこともあります。

꽃이 피기 시작했다.

花が咲き始めた

−기 시작하다は「〜し始める」という慣用表現です。

このほかにも、−기 전에（〜する前に）、−기 위해(서)（〜するために）、−기 때문에（〜するので）、−기 쉽다/어렵다（〜しやすい／しにくい）、−기만 하다（〜してばかりいる）のように「기＝こと」ではない慣用表現は多数あります。

한국에 가기로 했다.

韓国に行くことにした

−기로 하다は「〜ことにする」という決心を表わす慣用表現です。(⇒70頁参照)

また、−기는 하다（〜することは〜する）、−기 바라다（〜することを願う ⇒184頁参照）など「기＝こと」となる慣用表現もありますが、これらの−기は것に言い換えられません。

慣用表現ではない場合は、「こと」を -기と것のどちらを用いてもよいケースもありますが、それらの行為は「一般的、抽象的」なものに限られます。

영화 보기를 좋아해요.
영화 보는 것을 좋아해요.

映画を見ることが好きです

また、「個別の行為、実際起こった出来事」については、-기を用いることはできません。こうした文の「こと」は것を用いて表現します。

내가 여기 있는 것은 (×있기는) 아무도 모른다.

ぼくがここにいることは誰も知らない

연예인을 만난 것을 (×만났기를) 친구한테 알렸다.

芸能人に会ったことを友達に知らせた

26 −ㅁ/음 (名詞化の語尾)

〜(である/する) こと

人捜し（尋ね人）　사람 찾음

基本形		例
母音語幹	＋ㅁ	모임　集まり
子音語幹	＋음	없음　なし
ㄹ語幹(そのまま)	＋ㅁ/음	삶　生きること、生、人生　　울음　泣くこと

- −ㅁ/음は、形容詞や動詞を名詞に変化させたり、名詞節を作るときに使います。−ㅁ/음のあとには助詞をつけることができます。主に書き言葉で使われ、話し言葉では−는 것の形が使われます。

  例 합격했음이 분명하다.　合格したことは確かだ

  cf. 합격한 것이 분명해요.

- 어려움（難しさ・困難）、기쁨（喜び）、죽음（死）などの名詞のほか、求人広告やメモなどで使われます（−ㅁ/음と−기の使い分けについては、⇒94頁）。

  例 아르바이트 구함　アルバイト求む

  내일 오후 1시에 회의 있음.　明日午後1時に会議あり（メモ）

Plus+ ONE

−ㅁ/음에도 불구하고（〜にも関わらず）という表現もあります。

例）몸이 아픔에도 불구하고 일하러 나갔다.

体調が悪いにかかわらず仕事に出かけた

26-1 次の用言に−ㅁ/음をつけて名詞にして、その意味を書きましょう。

① 추다 踊る → 춤 （ 踊り ）
② 지다 背負う → （ ）
③ 받치다 支える → （ ）
④ 웃다 笑う → （ ）
⑤ 울다 泣く → （ ）
⑥ 모이다 集まる → （ ）
⑦ 알리다 知らせる → （ ）
⑧ 그립다 懐かしい → （ ）
⑨ 어둡다 暗い → （ ）
⑩ 만나다 会う → （ ）

なるほど… ㅁ / 음 のついた
名詞がいっぱいあるんだね。

26-2 （ ）にふさわしい単語を選び、−ㅁ/음を用いて文を完成させましょう。

합격했다	받았다	바라다	없었다

① 선배는 대학원 시험에 (합격했음)이 분명하다.
先輩が大学院の試験に合格したことは確かだ

② 허가를 ( )을 확인할 수 있는 자료가 있다.
許可をもらったことを確認できる資料がある

③ 그날은 아무 일도 ( )을 확인했다.
その日は何もなかったことを確認した

④ 들어오는 대로 전화 주기 ( )
戻り次第電話してほしい ☞ −기 바라다で「〜してほしい」⇒184頁参照

お悩み解決コーナー 11

-기 vs -ㅁ/음

-기も-ㅁ/음も「~すること」という用言を名詞化する意味を持っていますが、用法がそれぞれ異なります。傾向としては、-기は抽象的、一般的な事柄について用いられるのに対し、-ㅁ/음は個別的、具体的な事柄について用いられることが多いです。ここでは代表的な用法をいくつか紹介します。

-기を用いる場面

◆時間割

듣기　聞き取り

말하기　会話

쓰기　作文

◆目標

일찍 일어나기　早起き

아침 굶지 않기
朝ごはんを抜かないこと

게임 끊기
ゲームを辞めること

◆タイトル

김치 만들기 교실

김치 만들기 교실

キムチ作り教室

ーㅁ/음を用いる場面

◆メモ

부인한테서
전화 있었음.

奥さんから電話あり

◆求人

아르바이트 구함.

アルバイト求む

◆グラフ

영향 받음　影響を受けている

영향 받지 않음
影響を受けていない

잘 모름　よくわからない

21～26の復習

5分間の力だめし！

❖ 日本語訳に合うように、正しいものを選んでください。

❶ 다음 달에 이사를 (하게 됐어요 / 해졌어요).
来月に引っ越しをすることになりました。

❷ 날씨가 갑자기 (춥게 됐어요 / 추워졌어요).
(天気が)急に寒くなりました。

❸ 제가 유학 (가는 것을 / 가기를) 할아버지는 모르세요.
私が留学に行くことを祖父は知りません。

❹ 매일 30분씩 한국어 (공부함 / 공부하기).
毎日30分ずつ韓国語を勉強すること。

❺ 매주 화요일 9시에 회의 (있음 / 있기).
毎週火曜日9時、会議あり。

▶ 21～26の答え

① (하게 됐어요 / 해졌어요)
② (춥게 됐어요/ 추워졌어요)
③ (가는 것을 / 가기를)
④ (공부함 / 공부하기)
⑤ (있음 / 있기)

接続形〈1〉

前置き・譲歩・選択など

27 -는(ㄴ/은)데

28 -더라도

29 -거나

30 -든(지)

ここでは状況説明や前置きの「~が、~のに」や、譲歩の「~だとしても」、並列や選択の「~たり、~(する)か」などの接続語尾について学びます。

27 -는(ㄴ/은)데

~が、~のに、~だし

더운데

왜 에어컨 안 켜?
暑いのになんでエアコンつけないの?

시원한 거 마실래?
暑いし冷たい物飲まない?

いろんな
日本語訳が
あるのね

基本形	例
動 存 語幹 +는데 (ㄹ語幹はㄹが消える)	사는데 住んでいるけど 맛있는데 おいしいけど
形 指 語幹 +ㄴ/은데 (ㄹ語幹はㄹが消える)	더운데 暑いし 원장인데 院長ですが
過去形・겠+는데	갔는데 / 덥겠는데 行ったが / 暑いのに

- -는(ㄴ/은)데には、終結形と接続形の用法があります。ここでは接続形について学びます(終結形については、⇒58頁)。過去形や겠のあとは品詞を問わず、-는데です。
- -는(ㄴ/은)데の日本語訳はいろいろあり、「~が(しかし)」「~のに」のように、逆接を表す場合は、-지만に置き換えることができます。また、「~が(×しかし)」「~だし」のように、状況説明の前置きや背景を表す場合は、-는(ㄴ/은)데だけが対応します。後節には命令や勧誘、確認文が続くことが多いです。

例 내일은 노는데(=놀지만) 모레는 안 놀아요.
明日は休みですが、あさっては休みではありません

내일은 노는데(×놀지만) 어디 놀러 갈까요?
明日は休みだし、どこか遊びに行きましょうか?

27-1 逆接の例です。下線部を−는(ㄴ/은)데にして一つの文にしましょう。

① 내일은 시간이 있어요. 그런데 모레는 시간이 없어요.
→ 내일은 시간이 있는데 모레는 시간이 없어요.
明日は時間があるけど、あさっては時間がありません

② 저는 키가 작아요. 그런데 동생은 키가 커요.
→
私は背が低いけど、弟は背が高いです

③ 한 시간 전에 밥을 먹었어요. 그런데 배가 고파요.
→
1時間前にご飯を食べたのに、お腹が空いています

④ 크기는 달라요. 그런데 가격은 똑같아요.
→
大きさが違うのに、値段は同じです。 ☞달라요の辞書形は「다르다」

前置きや背景の例です。(　　　)にふさわしい単語を選び、−는(ㄴ/은)데を用いて文を完成させましょう。

맛있다　　이다　　덥다　　드렸다　　모이다

① 제가 원장(인데) 무슨 일이신가요?
私が院長ですが、何のご用ですか

② 아까 전화를 (　　　　　　) 김 선생님 계신가요?
さっきお電話を差し上げましたが、金先生はいらっしゃいますか

③ 주말에 친구들이 (　　　　　　) 선생님도 오세요.
週末に友人たちが集まるんですが、先生も来てください

④ 방이 좀 (　　　　　　) 에어컨을 켤까?
部屋がちょっと暑いし、エアコンをつけようか?

⑤ 여기 김치찌개가 (　　　　　　) 하나 시킬까?
ここのキムチチゲがおいしいんだけど、一つ注文しようか?

なるほど… −는(ㄴ/은)데は、
後節の前置きや背景になるんだ。

-더라도

~だとしても、~くても

먹더라도

배가 안 부를 거야
食べてもお腹いっぱいにならないよ

천천히 먹어
食べるにしてもゆっくり食べなさい

基本形	例
語幹 + 더라도	먹더라도　食べるにしても 아프더라도　痛かったとしても 있더라도　あったとしても

- -더라도は、「(仮に) ~だとしても」「~くても」という強い仮定や譲歩を表すときに使います。

  例 무슨 일이 있더라도 갈 거야.
  どんなことがあったとしても行くつもりだよ

- -아/어도(~しても)にはない、「たとえ~だとしても」というニュアンスがあります。仮定の意味がない-아/어도は、-더라도で言い換えることはできません。

  例 한 시간을 기다려도(×기다리더라도) 친구는 안 왔다.
  1時間待っても友人は来なかった。

-(이)라도(~でも)は、名詞や助詞(만、까지など)について、不十分ではあるが容認することを表す助詞です。

例) 영화라도 볼까요?　映画でも見ましょうか

2시까지라도 와 주세요.　2時までにでも来てください

28-1 （　　）にふさわしい単語を選び、－더라도を用いて文を完成させましょう。（イベントを控えてのセリフです）

들다	보다	적다	내리다	비싸다

① 비가 (내리더라도) 행사는 할 거죠?
雨が降ったとしてもイベントはしますよね

② 손님이 (　　　　　　) 해야 합니다.
お客さんが少ないとしてもしなければなりません

③ 비용이 좀 (　　　　　　) 해 봅시다.
費用がかかっても、やってみましょう

④ 가격은 좀 (　　　　　　) 괜찮습니다.
値段は高くても構いません

⑤ 손해를 (　　　　　　) 약속이니까 할 수 없어요
損をしたとしても約束なので仕方ありません　▽손해를 보다で「損をする」

28-2 次の文を日本語に訳してみましょう。（20代の会社員が書いた日記です）

병원에 가서 주사를 맞고 왔다. 나는 감기에 걸려도 병원에는 좀처럼 가지 않는 성격이다. 병원에 **가더라도** 약만 받아 오는데, 오늘은 열이 있어서 할 수 없었다. 내일은 하루 쉬고 싶은데, 몸이 좀 **힘들더라도** 회사에 나가야 할 것 같다.

☞ 주사를 맞다 注射を打ってもらう　좀처럼 なかなか　성격 性格　열 熱

-거나

①～(する)か、～したり(選択)
②～しても　　③～しようが(しまいが)

걸어가거나 버스를 타거나

歩くかバスに乗るか　　　　歩こうがバスに乗ろうが

基本形	例
語幹 + 거나	아프거나　痛いか 읽거나　読んだり

- 「～(する)か」「～したり」という選択を表す－거나は、どちらかの一つだけを選ぶときに使います。－거나 －거나 하다の形でも使われます(用法[1])。

　例 ①머리가 아프거나 열이 날 때　頭が痛いか熱のあるとき
　　책을 읽거나 산책을 하거나 합니다.　本を読んだり散策をしたりします

- また疑問詞と共に用いる「～しても」(用法[2])や、対立する二つの事柄を並べた－거나 －거나の形(用法[3])で「～しようが～しまいが」という用法もあります。これらの場合は－거나の縮約形－건がよく使われます([1]の用法は－건に置き換えることはできません)。例③は－거나 말거나の形でも使われます。

　例 ②어디 살거나 (= 살건) 건강해라.　どこに住んでいても元気でね
　　③ 가거나 오거나 (=가거나 말거나) 마음대로 해.　行こうが来ようがご勝手に

－고を用いて「～たり～たり」を表現することもできます。
(『絵で学ぶ韓国語文法』37 を参照)
例) 책도 읽고 산책도 합니다.　本を読んだり散策をしたりします

29-1 Aの質問に、-거나 -아/어요（～したり～したりします）を用いて答えましょう。

① A：쉬는 날에는 뭐하니?
B：음악을 듣거나 영화를 봐요.
（음악을 듣다 / 영화를 보다）

② A：토요일에는 뭐해?
B：＿＿＿＿＿＿＿＿＿＿＿＿＿＿＿＿
（도서관에 가다 / 친구를 만나다）

③ A：친구를 만나서 뭐하냐?
B：＿＿＿＿＿＿＿＿＿＿＿＿＿＿＿＿
（이야기를 하다 / 게임을 하다）

④ A：도서관에 가서는 뭐하는데?
B：＿＿＿＿＿＿＿＿＿＿＿＿＿＿＿＿
（잡지를 읽다 / 숙제를 하다）

次の文を日本語に訳してみましょう。（30代の会社員が書いた日記です）

내가 고향 생각이 **나거나** 엄마가 만들어 주시던 음식이 생각날 때 가는 집이 있다. 그 집 아주머니는 언제 **가건** 따뜻하게 맞이해 주신다. 뭘 **주문하건** 내가 좋아하는 반찬을 많이 주신다. 식사한 후에 시간이 있으면 아주머니와 이야기를 **하거나** 커피를 **마시거나** 한다.

＿＿＿＿＿＿＿＿＿＿＿＿＿＿＿＿＿＿＿＿＿＿＿＿

＿＿＿＿＿＿＿＿＿＿＿＿＿＿＿＿＿＿＿＿＿＿＿＿

＿＿＿＿＿＿＿＿＿＿＿＿＿＿＿＿＿＿＿＿＿＿＿＿

＿＿＿＿＿＿＿＿＿＿＿＿＿＿＿＿＿＿＿＿＿＿＿＿

＿＿＿＿＿＿＿＿＿＿＿＿＿＿＿＿＿＿＿＿＿＿＿＿

☞ 따뜻하다 暖かい　맞이하다 迎える　반찬 おかず・副菜

30 -든(지)

~しても、~しようが　~とか

どうやって行っても関係ないよ

基本形	例
語幹＋든(지)	가든지　行っても 먹든지　食べようとも 죽든 살든　死のうと生きようと

- -든지は、疑問詞と共に用いられるか、対立する二つの事柄を並べて使われ、「～であっても構わない」という意味になります。-든(지)の지は省略することができます。
- -거나の用法[1][2][3]のうち、[2][3]は-든(지)に置き換えることができます。

  例 뭘 하든(=하건) 상관없어.　何をしても関係ない

  밥을 먹든 말든(=먹거나 말거나) 난 모른다.

  ご飯を食べようが食べまいが私は知らない

- -든지-든지は、「～か～か～(どちらかにしてください)」という意味で使われます。

  例 들어오든지 나가든지 해요.　入るか出ていくかどちらかにしてください

-(이)든(지)は「～でも」という助詞です。「～どちらでも構わない」というニュアンスがあります(⇒10頁)。

例）사과든 감이든 다 좋아한다.　リンゴでも柿でも全部好きだ

30-1 Aの質問に、-든지　-든지　하세요（～か～かしてください）を用いて答えましょう。

① A：한국에 가서 뭐 할까？
　B：쇼핑을 하든지 맛있는 걸 먹든지 하세요.
　（쇼핑을 하다 / 맛있는 걸 먹다）

② A：어떻게 가면 좋을까？
　B：＿＿＿＿＿＿＿＿＿＿＿＿＿＿＿＿
　（비행기를 타고 가다 / 배를 타고 가다）

③ A：무슨 술을 마실까？
　B：＿＿＿＿＿＿＿＿＿＿＿＿＿＿＿＿
　（막걸리를 마시다 / 소주를 먹다）

④ A：이 생선, 어떻게 조리하면 맛있을까？
　B：＿＿＿＿＿＿＿＿＿＿＿＿＿＿＿＿
　（굽다 [焼く] / 조리다 [煮つける]）

30-2 次の文を日本語に訳してみましょう。（30代の会社員が書いた日記です）

> 아주머니는 언제든지 가게에 나와 계신다. 일요일이나 쉬는 날에도 가게를 여신다. 언제 가든 반갑게 인사를 하신다. 음식을 주문하든 주문하지 않든 상관하지 않으시고, 누구에게나 친절하게 대해 주신다. 아주머니에게는 말벗이 필요한 것일지도 모른다.

＿＿＿＿＿＿＿＿＿＿＿＿＿＿＿＿＿＿＿＿＿＿＿＿

＿＿＿＿＿＿＿＿＿＿＿＿＿＿＿＿＿＿＿＿＿＿＿＿

＿＿＿＿＿＿＿＿＿＿＿＿＿＿＿＿＿＿＿＿＿＿＿＿

＿＿＿＿＿＿＿＿＿＿＿＿＿＿＿＿＿＿＿＿＿＿＿＿

＿＿＿＿＿＿＿＿＿＿＿＿＿＿＿＿＿＿＿＿＿＿＿＿

☞ 상관하다 構う　친절하다 親切だ　대하다 接する　말벗 話の友

27～30の復習 5分間の力だめし！

❖ 日本語訳に合うように、正しいものを選んでください。どちらも可能な場合もあります。

❶ 휴일(인데 / 이지만) 놀러 갈까요?
休日だし、どこか遊びに行きましょうか。

❷ 전화로 뭐라고 (했는데 / 했지만) 잘 안 들렸다.
電話で何か言っていたが、よく聞こえなかった。

❸ 그는 (늦든지 / 늦더라도) 꼭 오는 친구였다.
彼は遅れても必ず来る人だった。

❹ 우리는 술을 (마시거나 / 마시든지) 이야기를 했다.
私たちはお酒を飲んだり話をしたりした。

❺ 언제 (만나건 / 만나든) 즐거운 친구들이다.
いつ会っても楽しい友人たちである。

▶27～30の答え

① (인데 / 이지만)
② (했는데 / 했지만)
③ (늦든지 / 늦더라도)
④ (마시거나 / 마시든지)
⑤ (만나건 / 만나든)

さまざまな補助動詞

31 −아/어 보이다

32 −아/어 놓다/두다

33 −아/어 가다/오다

34 −아/어 버리다

−아/어 죽겠다

❖ **−아/어 버리다 vs −고 말다**

ここでは「〜く/に見える」「〜しておく」「〜していく/くる」「〜してしまう」「〜して死にそうだ」などの表現について学びます。

また、「〜してしまう」を表す−아/어 버리다と−고 말다の使い分けについても見てみます。

形+아/어 보이다

～(く/に)見える

若く見えます

基本形	例
陽母音（ㅏ, ㅑ, ㅗ）語幹 + 아 보이다	밝아 보여요　明るく見えます
陰母音（ㅏ, ㅑ, ㅗ以外）語幹 + 어 보이다	젊어 보인다　若く見える
하다用言 → 해 보이다	성실해 보였다　誠実に見えた

- －아/어 보이다は、形容詞の語幹について、直接見て「～(く/に)見える」という話し手の判断などを述べるときに用います。

  例 모자를 쓰니까 젊어 보여요.　帽子をかぶると若く見えます

- 보이다には「見える」と「見せる」の意味があり、젊어 보이다は「若く見える」、젊게 보이다は「若く見せている」という意味で使われる場合が多いです。
- 있어 보이다は「あるように見える」→「裕福に見える」、없어 보이다は「ないように見える」→「貧しく見える」という意味の慣用表現です。

－아/어 보이다と似た表現に、－게 생겼다（～な外見だ）があります。主に話し言葉で見た目などの印象を言うときに使われます。

例）강아지가 귀엽게 생겼네요.　わんちゃん、かわいいですね

31-1 (　　)にふさわしい単語を選び、−아/어 보이다を用いて日本語訳に合うように、文を完成させましょう。

밝다　어리다　우울하다　성실하다　바쁘다

① 처음 보는 그는 (성실해 보였다.)
初めて会う彼は誠実に見えた

② 실제 나이보다 좀 (　　　　　　　　　　)
実際の年よりすこし若く見えた

③ 표정은 무척 (　　　　　　　　　　)
表情はずいぶん明るく見えた

④ 하지만 어딘지 모르게 (　　　　　　　　　　) 얼굴이었다.
しかしどことなく憂鬱に見える顔だった

⑤ 몹시 (　　　　　　　　　　) 인사만 나누고 돌아왔다.
非常に忙しく見えたので挨拶だけ交わして帰ってきた

31-2 A「〜はいかがですか (−는/은 어때요?)」、B「〜く/に見えますね (−아/어 보이네요)」というやり取りを作りましょう。(買い物のときのやり取りです)

① 흰색 모자　白い帽子 / 멋지다　すてきだ

A : (흰색 모자는 어때요?　　　　)
B : (멋져 보이네요.　　　　)

② 분홍색 드레스　ピンク色のドレス / 비싸다　高い

A : (　　　　　　　　　　)
B : (　　　　　　　　　　)

③ 이 디자인　このデザイン / 화려하다　華やかだ

A : (　　　　　　　　　　)
B : (　　　　　　　　　　)

④ 이 샌들　このサンダル / 편하다　楽だ

A : (　　　　　　　　　　)
B : (　　　　　　　　　　)

32 -아/어 놓다/두다

~しておく

ドアを開けておこうか

基本形		例
陽母音語幹 (ㅏ, ㅑ, ㅗ)	+ 아 놓다/두다	사 놓았다　買っておいた 사 두었다　買っておいた
陰母音語幹 (ㅏ, ㅑ, ㅗ以外)	+ 어 놓다/두다	열어 놓아라　開けておきなさい 열어 둬라　開けておきなさい
하다用言 → 해 놓다/두다		작성해 놓았다　作成しておいた 작성해 두었다　作成しておいた

- −아/어 놓다は、行動の結果を維持するときの「~しておく」にあたる表現です。"一時的に"「~しておく」場合に使います。

  例 창문을 열어 놓아라.　窓を開けておきなさい

- −아/어 두다も「~しておく」の意味ですが、두다には「備えて~しておく、きちんと保管しておく」というニュアンスがあり、"長い間"その状態を持続する場合に使われます。ちなみに、「放っておく」は내버려 두다、「置いておく」は놓아 두다と言います。

- 해요体や해体の−아/어 놓아(요)は、会話ではしばしば−아/어 놔(요)の形で使われます。

  例 사 놓아(요)=사 놔(요).　買っておいて!

32-1 (　　　　)にふさわしい単語を選び、-아/어 놓고を用いて文を完成させましょう。

켜다　　하다　　받다　　작성하다　　열다

① 서류를 (작성해 놓고) 안 가지고 왔다.
書類を作成しておいて持ってきていない

② 또 방에 불을 (　　　　　　) 나왔다.
また部屋の明かりをつけっ放しにして(←つけておいて)出てきた

③ 약속을 (　　　　　　) 깜박했다.
約束をしておいてうっかりした

④ 영수증을 (　　　　　　) 잊고 있었다.
領収書をもらっておいて忘れていた

⑤ 창문을 (　　　　　　) 집을 나왔다.
窓を開けっ放しにして(←開けておいて)家を出た

32-2 A「~しておきましょうか(-아/어 둘까?)」、B「~しておいてください(-아/어 두세요)」というやり取りを完成させましょう。

① 그림을 걸다　絵を掛ける

A：그림을 (걸어 둘까?　　　)

B：네. 제 방에 (걸어 두세요.　)

② 창고에 넣다　倉庫に入れる

A：창고에 (　　　　　　)

B：네. 그건 (　　　　　　)

③ 선생님께 맡기다　先生に預ける

A：선생님께 (　　　　　　)

B：네. 그냥 (　　　　　　)

④ 세뱃돈은 저금하다　お年玉は貯金する

A：세뱃돈은 (　　　　　　)

B：네. (　　　　　　)

33 -아/어 가다/오다

~していく/くる

一日一日を生きていく **하루하루를 살아 간다.**

基本形	例
-아/어 가다 ～していく	살아 간다 生きていく 높아져 갔다 高くなっていった
-아/어 오다 ～してくる	살아 왔다 生きてきた 걸어 왔다 歩いてきた

- -아/어 가다は、「(ずっと/だんだん)～していく」という意味で使われます。

  例 하루하루를 살아 간다. 一日一日を生きていく

- -아/어 오다は、「(ずっと/だんだん)～してくる」という意味で使われます。過去から現在まで時間的に継続していることや状態の変化の進行などに用います。(「～してくる」については、⇒176頁)

  例 혼자서 살아 왔다. ひとりで生きてきた

- 「移動動詞+いく/くる」は-고 가다/오다ではなく、-아/어 가다/오다で表現します。移動動詞+아/어가다/오다は普通くっつけて書きます。

  例 走っていく:○달려가다 ×달리고 가다

-고 가다/오다は、「～して(それから)行く/来る」という意味です。(『絵で学ぶ韓国語文法』39頁参照)

例) 밥을 먹고 가요. ご飯を食べて(それから)行きましょう

33-1 (　　　)にふさわしい単語を選び、－아/어 왔다もしくは－아/어 간다を用いて、文を完成させましょう。(今までのことをふり返っています)

사라지다	살다	겪다	멀어지다

① 지금까지 많은 일을 (겪어 왔다.)
今まで多くのことを経験してきた

② 정말 열심히 (　　　　　　　　　　)
本当に頑張って生きてきた

③ 그런데 꿈은 점점 (　　　　　　　　　　)
しかし夢はだんだん遠くなっていく

④ 행복했던 기억도 점점 (　　　　　　　　　　)
幸せだった記憶もだんだん消えていく

なるほど… －아/어 가다/오다って、
「ずっと/だんだん」のイメージなんだ。

33-2 与えられた語句を用いて、「－(으)니까－아/어가요 (～だから～していきましょう)」という文を作りましょう。

① 지각할 것 같다 遅刻しそうだ / 역까지 뛰다 駅まで走る
→ 지각할 것 같으니까 역까지 뛰어가요.

② 운동을 해야 하다 運動しなければならない / 집까지 걷다 家まで歩く
→

③ 길을 잘 모르다 道がよくわからない / 앞 사람을 따르다 前の人につく
→

④ 집이 3층이다 家が3階だ / 그냥 걸어서 오르다 このまま歩いて上がる
→

⑤ 시간이 충분하다 時間が充分ある / 천천히 내리다 ゆっくり下りる
→

-아/어 버리다 ～してしまう
-아/어 죽겠다 ～して死にそうだ

全部食べてしまったの？ 다 먹어 버렸어?

基本形	例
-아/어 버리다 ～してしまう	지나가 버린다 過ぎてしまう 먹어 버렸어? 食べてしまったの？
-아/어 죽겠다 ～で死にそうだ	배고파 죽겠다 お腹がすいて死にそうだ 피곤해 죽겠다 疲れて死にそうだ

- -아/어 버리다は「～してしまう」という動作の完了を表す表現です。
- -아/어 죽겠다は、主に話し言葉で「～で死にそうだ、～してたまらない」というある状態が極限に達している場合に使われ、書き言葉では-아/어 죽을 것 같다が使われます。

  例 （話し言葉）배고파 죽겠다. お腹がすいて死にそうだ
  （書き言葉）배고파 죽을 것 같다.
- -아/어と버리다は普通分かち書きをしますが、잃어버리다（失くしてしまう）、잊어버리다（忘れてしまう）などは一つの単語として扱われ、くっつけて書きます。

  例 가방을 잃어버렸다. カバンを失くしてしまった

Plus+ ONE 「～してしまう」にあたる表現に-고 말다もあります。
（-아/어 버리다との違いについては、⇒116頁）

34-1 （　　　）にふさわしい単語を選び、－아/어 버렸어もしくは －아/어 죽겠어を用いて、文を完成させましょう。

아프다	그만두다	떠나가다	내다	피곤하다

① 일이 많아서 (피곤해 죽겠어.)
仕事が多くて疲れて死にそうだ

② 벌써 3명이 회사를 (　　　　　　　　　)
すでに3名が会社を辞めてしまったよ

③ 참지 못하고 화를 (　　　　　　　　　)
がまんできず怒ってしまった　▽화를 내다で「怒る」

④ 결국 그는 나에게서 (　　　　　　　　　)
結局彼は私から離れていってしまった

⑤ 마음이 (　　　　　　　　　)
心が痛くて死にそうだ

34-2 次の文を日本語に訳してみましょう。（40代の女性が書いた日記です）

새해가 밝아 왔다. 최근 몇 년간은 시간이 너무 빨리 **지나가 버린다**. 지금까지 주위 사람들의 도움으로 잘 살아 왔다. 올해는 좀 여유를 가지고 살아야겠다. 남편이 나한테 와서 **배고파 죽겠다**고 빨리 밥을 달라고 한다. 휴, 말만 하면 밥을 해 주는 로봇은 없을까?

☞ 새해 新年　밝다 明るい·明ける　주위 周り　여유 余裕　달라고 くれと

お悩み解決コーナー 12

-아/어 버리다 vs -고 말다

-아/어 버리다も-고 말다も、用言に付いて「～してしまう」という意味を表しますが、それぞれニュアンスと文法的な制限が異なります。-아/어 버리다が広く「～してしまう」に用いられるのに対し、-고 말다は「(勝手に) ～なってしまう」という意図的でない行為によく用いられます。また文法的には、意志や命令、願望の表現とともに-고 말다は使えません。

먹어 버렸어.

食べちゃった

먹고 말았어.

食べちゃった

-아/어 버리다と-고 말다の使い分けのポイントは、意図的な行為かどうかにあります。

그만둬 버렸다.

辞めてしまった

그만두고 말았다.

辞めてしまった

-고 말다は「ついやってしまった」という後悔の気持ちを表します。

◆ –아/어 버리다しか使えない「〜してしまう」

오늘 안에 끝내 버리자.

今日中に終わらせてしまおう

「〜してしまおう」という勧誘の表現の場合は、–아/어 버리다を使わなければなりません。

다 태워 버리세요.

全部燃やしちゃってください

「〜してしまってください」という命令の表現の場合も、–아/어 버리다だけが使われます。

어디론가 떠나 버리고 싶다.

どこかに行っちゃいたい

「〜してしまいたい」という願望の表現にも、–아/어 버리다を用います。

31〜34の復習 5分間の力だめし！

❖日本語訳に合うように、正しいものを選んでください。

❶ 오랫만에 만난 친구는 (행복으로 / 행복해) 보였다.

久しぶりに会った友人は幸せそうに見えた。

❷ 차표는 잃어버리면 안 되니까 지갑에 넣어 (놓아 / 둬).

きっぷは失くしてはいけないから財布に入れておいて。

❸ 별이 하나 둘 (사라져 / 사라지고) 갔다.

星が一つ二つと消えていった。

❹ 여동생하고는 지금까지 잘 (지내 / 지내고) 왔다.

妹とは今まで仲良く過ごしてきた。

❺ 언니의 케이크까지 다 (먹어 / 먹고) 버렸다.

姉さんのケーキまで全部食べてしまった。

▶31〜34の答え

① (행복으로 / **행복해**)

② (놓아 / **둬**)

③ (**사라져** / 사라지고)

④ (**지내** / 지내고)

⑤ (**먹어** / 먹고)

理由の表現

35 −(으)니

36 −기 때문에

37 −ㄹ/을 테니(까)

38 −느라고

❖ −느라고 典型的な使い方と誤用

ここでは初級の−아/어서と−(으)니까のほかに、理由を表すいくつかの表現について学びます。

日本語の「〜から」や「〜ので」は韓国語の場合、話し言葉なのか書き言葉なのか、時制を伴うのかどうか、単純な理由なのか話し手の意志や推量に基づく理由なのか、後節に勧誘や命令、−ㄹ/을까요?など聞き手に関連する内容がくるのかなどさまざまな条件を見極めてから、適切なものを選ばなければなりません。どのような場合に使われるのか、しっかりと覚えておきましょう。

35 −(으)니

①〜したら、〜（する）と　②〜だから　③〜して

うちに帰れてうれしいよ

집에 오니 좋구나.

오니까でも
OK だよ

基本形	例	
母音語幹 + 니	모이니	集まると
子音語幹 + 으니	없으니	ないから
ㄹ語幹（ㄹが消える）+ 니	만드니	作るから

- −(으)니は、−(으)니까の까が省略された形で、「〜したら」「〜(する)と」というすでに実現されたことを表すときに使います(用法[1])。

  例 다 모이니 옛날 생각이 났다.　みんな集まると昔のことが思い出された

- 「〜だから」という主観的な理由を述べるときにも用います(用法[2])。理由の−(으) 니は、−(으)니까に比べて話し手の主観的な主張などを少し和らげるようなニュアンスがあります。
- −(으)니の後に어떻다・좋다・싫다などの気持ちや感想など述べる用法もあります。この場合は「〜してみて」「〜して」などと訳されます(用法[3])。

  例 한국어를 공부하니 어때요?　韓国語を勉強してみて、どうですか

二つのフレーズを時間順に並べたり客観的な理由などを述べるときに用いる−아/어서(〜ので、〜して、〜くて)もしばしば서が省略された−아/어の形で使われます。

例）찌개를 만들어(서) 먹었다.　チゲを作って食べた

35-1 次の文を日本語に訳してみましょう。（小説の一部です）

한참 **걸어가니** 큰 길이 나왔다. 그 길을 지나 계속 걸었다. 몇 시간이나 걸었는지 모른다. 그때 일을 **생각하니** 가슴이 아팠다. 세월이 약이라고 **하니** 시간이 지나면 좀 나아지겠지. 그런 날이 내게도 찾아올까?

☞ 한참 しばらく　－이라고 ～だと（⇒134頁）　세월 歳月　나아지다 ましになる

35-2 （　　　）にふさわしい単語を選び、－(으)니を用いて、文を完成させましょう。（おばあさんの家でのことです）

먹다　　모이다　　놓았다　　없다

① 오랫만에 다 (모이니) 좋구나.
久しぶりにみんな集まってうれしいよ

② 돈이 (　　　　　) 외식은 하지 말자.
お金がないから外食はやめよう

③ 다 만들어 (　　　　　) 어서 먹어.
全部作っておいたから早く食べなさい

④ 맛있는 걸 (　　　　　) 기분이 좋네.
おいしいものを食べたら気分がいいね

なるほど… －(으)니 の日本語訳は、「～から」「～たら」「～して」などいろいろあるんだ。

36 -기 때문에

～(する)から、～なので、～ために、～ゆえに

寝坊したので
遅刻しました

늦게 일어났기
때문에 지각했습니다.

基本形	例
語幹 + (았/었)기 때문에	사랑하기 때문에　愛するがゆえに 늦었기 때문에　遅れたため

- 名詞形の-기（⇒88頁）に、때문에が結合した表現で、「～(する)から」「～なので」「～ために」「～ゆえに」などの理由や原因を述べるときに使います。
- 主に論文など書き言葉で用いられます。公的な場で格式ばった言い回しで使われることもあります。

  例 왜 반대합니까?　なぜ反対しますか
  물론 위험하기 때문에 반대합니다.　もちろん危険だから反対します

- -기 때문이다（～するからだ、～するためだ）もあわせて覚えておきましょう。

  例 제가 늦었기 때문이에요.　私が遅れたからです

Plus+ ONE

名詞＋때문(에)は「～のせいで」「～のために」という意味です。目的を表す-를/을 위해(서)と混同しないように（⇒64頁）。

例）너 때문에 늦었어.　お前のせいで遅れた
　　cf. 너를 위해서 늦게 왔는데.　お前のためにゆっくり来たのに

36-1 AとBの対話文を、「~したので~した (-았/었기 때문에 -았/었다)」という書き言葉にしましょう。

① A：왜 늦었는데? B：늦잠을 자서요.

→ 늦잠을 잤기 때문에 늦었다.

② A：왜 시계가 고장났는데? B：시계가 떨어져서요.

→

③ A：왜 사과했는데? B：내가 잘못해서요.

→

④ A：왜 집에 있었나요? B：몸이 아파서요.

→

⑤ A：왜 전화 안 했나요? B：휴대폰을 안 가지고 와서요.

→

36-2 次の文を、「~したのは~したからです (-ㄴ/은 것은 -았/었기 때문이다)」に直してみましょう。

① 노력해서 성공한 거예요. (努力したために成功したのです)

→ 성공한 것은 노력했기 때문이다.

② 성격이 안 맞아서 헤어졌어요. (性格が合わなくて別れたのです)

→

③ 돈이 없어서 가방을 못 샀다. (お金がなくてカバンを買えなかった)

→

④ 몸이 안 좋아서 술을 끊었어요. (体の具合が悪くてお酒を止めました)

→

⑤ 일이 많아서 약속을 못 지켰어. (仕事が多くて約束を守れなかった)

→

37 -ㄹ/을 테니(까)

~(はずだ)から　~(だろう)から

時間を作るから行きましょう

基本形	例	
母音語幹 + ㄹ 테니(까)	낼 테니	(時間を)作るから
子音語幹 + 을 테니(까)	옮을 테니	移るから
ㄹ語幹(ㄹが消える) + ㄹ 테니(까)	만들 테니	作るから

- -ㄹ/을+터+이+니(까)の形で、話し手の強い意志や推量に基づく理由を述べるときに使います。터は「つもり、はず」という意味です。「~(はずだ)から」「~(だろう)から」の隠された「はず」や「だろう」の意味を、前後の文脈から読み取らなければなりません。

  例 합격할 테니까 걱정 마!　合格する(はずだ)から心配しないで!

- 主に話し言葉で使われ、-ㄹ/을 테니(까)のあとには勧誘や命令、依頼などの文が続くことが多いです。-ㄹ/을 테니까の까は省略することができます。

  例 시간을 낼 테니(=낼 테니까) 같이 가요.
  時間を作るからいっしょに行きましょう

Plus+ ONE

ㄹ/을 테다(意志、~するぞ)や、-ㄹ/을 텐데(推量、~だろうに)などの表現もあります。

例) 나는 반드시 합격할 테다.　ぼくは必ず合格するぞ
　이제 슬슬 도착할 텐데.　もうそろそろ着くはずなのだが

37-1 与えられた語句を用いて、「-ㄹ/을 테니 -(으)세요(~だから~してください)」という文を作りましょう。

① 사장님이 오시다 社長が来られる / 여기서 기다리다 ここで待つ

→ 사장님이 오실 테니 여기서 기다리세요.

② 회사에서 책임지다 会社で責任を持つ / 맡겨 주다 任せてくれる

→

③ 열심히 살다 頑張って生きる / 걱정하지 말다 心配しない

→

④ 약을 먹으면 좋아지다 薬を飲めばよくなる / 열심히 들다 頑張って飲む

→

37-2 (　　　)にふさわしい単語を選び、-ㄹ/을 테니까を用いて対話文を完成させましょう。(若い夫婦の対話です)

하다	내다	지어 주다	붐비다

아내 : 맛있는 밥을 (① 지어 줄 테니까) 좀 기다려요.

남편 : 알았어. 그럼 청소라도 할까?

아내 : 청소는 내가 (②　　　　　　) 빨래 좀 개 줘요.

남편 : 오케이.

　　아, 주말에 시간을 (③　　　　　　)

　　아이들 데리고 유원지에라도 갑시다.

아내 : 정말? 아이들이 좋아하겠네.

　　주말에는 (④　　　　　　) 일찍 나가요.

남편 : 아, 알았어.

☞ 붐비다 混む　빨래를 개다 洗濯物をたたむ　유원지 遊園地

なるほど… -ㄹ/을 테니까は、
ただの「から」ではなく、「から」の前に
「はず」や「だろう」が隠されているんだ。

38 -느라(고)

～していて（～できなかった、～大変だ）

勉強していて眠れなかった

공부하느라 잠을 못 잤어.

基本形	例
動語幹 + 느라(고) （ㄹ語幹はㄹが消える）	먹느라고　食べていて 버느라고　（金を）稼いでいて

- -느라(고)は、「～していて（～できなかった、～大変だ）」という意味で、前節の行動などに時間がかかってしまいその影響で、後節に忙しい（바쁘다）、遅れる（늦다）、苦労する（고생하다）、辛い（힘들다）、～することができない（-지 못하다）などの文が続くのが特徴です。-느라(고)の고は省略することができます。

  例 동생은 공부하느라 잠을 못 잤다.　弟は勉強していて眠れなかった

- -느라(고)の文では、前後の主語が一致しなければなりません。

  例 ×동생이 공부하느라 내가 잠을 못 잤다.

- 主に話し言葉で使われます。一般的な理由の-아/어서や-(으)니까と比較すると、どんなに"大変な状況"であるのか/あったのかを訴える場面などでよく使われます。なお、過去形とは結合しないので注意しましょう。

  例 ×공부했느라 잠을 못 잤다.

- 日本語訳は「～するために」「～するのに」「～ので」など、工夫が必要です。

  例 이사 준비를 하느라 바빴다.　引っ越しの準備のために忙しかった
  버스를 기다리느라 한참 서 있었다.　バスを待つのにしばらく立っていた

38-1 最も適当な表現を選びましょう。

① 시험 공부를 (하느라 / 해서) 잠을 못 잤어요 .
試験勉強をしていて眠れなかったです

② 공부를 열심히 (하느라 / 해서) 시험에 합격했어요 .
勉強を頑張ってやったので試験に合格しました

③ 전철이 늦게 (오느라 / 와서) 약속에 늦었어요 .
電車が遅れて来て約束に遅れました

④ 급한 일을 (하느라 / 해서) 전화를 못 받았어요 .
急ぎの仕事をしていて電話に出られませんでした

⑤ 홈페이지를 (만드느라 / 만들어서) 바빴어요 .
HP を作るのに忙しかったです

38-2 (　　)にふさわしい単語を選び、－느라を用いて対話文を完成させましょう。
(大学生同士の対話です)

벌다	하다	살다	쓰다	먹다

A : 요즘 바빠? 오래간만이다.
B : 응. 아르바이트를 (① 하느라) 좀 바빴어.
A : 그랬구나. 나도 리포트를 (②　　　　　) 바빴어.
오늘 수업에는 왜 늦었냐?
B : 아침을 (③　　　　　) 늦었어.
A : 꼭 아침을 먹어야 하냐?
B : 난 아침을 안 먹으면 안 돼.
어젯밤에도 돈을 (④　　　　　) 늦게까지 일했거든.
A : 정말? 건강도 생각해야지.
B : 내가 정말 (⑤　　　　　) 고생한다.

私は、한국어 공부하느라
고생하고 있어요. ㅠㅠ

お悩み解決コーナー 13

-느라고 典型的な使い方と誤用

-느라고を韓日辞書で見ると、「~することによって」「~するため」「~するのに」「~ので」などたくさんの日本語訳がついています。訳語に共通するのは理由を表わしているということですが、-느라고が表わす「理由」には特有の場面と文法的な条件があるので、それを間違えると誤用になってしまいます。-느라고は「~していて(~できなかった、大変だ)」というパターンで用いられることが多いです。特に、時間に遅れた、つらい、忙しいなどの言い訳に-느라고がよく使われます。

また、-느라고は고を省略して、-느라の形でもよく用いられます。

(O) 화장하느라고 늦었습니다.

化粧をしていて遅れました

(O) 옷을 갈아입느라…

服を着替えていて…

(×) 길이 막히느라고…

道が混んでいて…

-느라고の文は、原則的に前後の主語が同じでなければなりません。つまり、「私が遅刻した理由」は「私がした行為」でなければならないわけです。「道が混んでいる」のように「道が」が主語の理由は-느라고を使って表わすことはできません。この場合は-아/어서を用いて길이 막혀서 늦었어요と表現します。

(○) 시험 준비를 하느라고 잠을 못 잤어요.

試験の準備をしていて眠れませんでした

(○) 술을 많이 마시느라…

お酒を飲みすぎて…

(×) 실연 당하느라고…

失恋しちゃって…

-느라고が表わす行為は、「～している·していた」という継続性のある行為でなければなりません。「勉強していた」「お酒を飲んでいた」は-느라고で表わせますが、「失恋した」は瞬間的な出来事なので-느라고を用いることはできません。

(○) 보고서를 쓰느라고 정신 없어요.

報告書を書くのに忙しいんです

(○) 급한 일을 하느라…

急ぎの仕事をしていて…

(×) 지금부터 출장가느라고…

今から出張行くので…

-느라고は「～している、していた」という現在あるいは過去の行為を表わすのに用います。これからする行為を-느라고で表現することはできません。現在「～している」も過去「～していた」も語幹＋느라고となり、過去の行為だからといって-았/었느라고の形になることはありません。

5分間の力だめし！

❖ 日本語訳に合うように、正しいものを選んでください。

❶ 소개시켜 준 사람을 (만나 보니 / 만나 봐서) 어땠어요?
紹介してくれた人に会ってみて、どうでしたか？

❷ 열심히 공부를 (했기 때문에 / 했어서) 시험에 붙은 거야.
頑張って勉強したので、試験に合格したのよ。

❸ 사장님이 (올 테니 / 오니) 문제가 해결됐어요.
社長が来ると、問題が解決されました。

❹ 내가 (청소할 테니까 / 청소하니까) 당신은 빨래를 개 줘요.
私が掃除をするから、あなたは洗濯物を畳んでください。

❺ 영화를 (보고 있어서 / 보느라) 잠을 못 잤어.
映画を観ていて、眠れなかった。

▶ 35 ～ 38 の答え

① (**만나 보니** / 만나 봐서)
② (**했기 때문에** / 했어서)
③ (올 테니 / **오니**)
④ (**청소할 테니까** / 청소하니까)
⑤ (보고 있어서 / **보느라**)

間接話法
(引用・伝聞)

❖ 「　」という

39 -(이)라고

40 -(ㄴ/는)다고

41 -느냐고/-(으)냐고

42 -자고

❖ -자고 vs -(으)려고

43 -(으)라고

44 -아/어 달라고

間接話法とは、他人の話や聞いたことを、相手に間接的に伝えることです。

ここでは名詞文、平叙文、疑問文、命令文、勧誘文、依頼文などの引用・伝聞について学びます。名詞文のほかは、基本的に한다体に、-고をつけて引用・伝聞にします。

「　　」という 引用文―直接話法

お悩み解決コーナー 14

日本語では誰かの言ったことを引用する場合に「　」でくくりますが、韓国語では英語などと同じく“　　”という引用符が用いられます。引用符の後に続く日本語の「と言う」に当たる韓国語はふつう라고 하다ですが、場面によっては라고ではなく하고や고も用いられます。

서로 “안녕하세요?” 라고 했다.

お互いに「こんにちは」と言った

引用符“　　”の後には、ふつう라고 하다「と言う」が用いられます。

“허락해 줄게”하고 고개를 끄덕였다.

「許してやろう」とうなずいた

「と」の後に続くのが、「言う」ではなく別の行為の場合は、라고ではなく하고が用いられます。

“멍멍”하고 짖었다.

「ワンワン」と吠えた

動物の鳴き声などの擬音語、아이고のような感嘆語の後では、하고が用いられます。

“최선을 다하겠다”고 말했다.

「最善を尽くす」と語った

新聞記事の中では引用符の後に고がよく用いられます。

‘사랑과 진실’은 있어요?

「愛と真実」はありますか

語やフレーズを強調したり、題名などの固有名詞を引用する場合は、“　　”ではなく‘　　’が用いられます。

引用符を外した引用文は間接話法と言われます。直接話法の「『わかった。』と言った」が間接話法の「わかったと言った」となるように、日本語の場合は引用符を取るだけでそのまま間接話法の文になりますが、韓国語は引用部分の文体を変えなければなりません。また、「と」に相当する語は고に限定されます。この章では、韓国語の間接話法の作り方を学んでいきます。

39 -(이)라고

~(だ)と

3歳だそうです

基本形	例
母音体言 + 라고	누구라고 해요? 誰だと言っていますか？
子音体言 + 이라고	형이라고 합니다 兄だそうです

- -입니다や-이에요(~です)、-이다(~である)などの名詞文の引用・伝聞は、-(이)라고(~[だ]と)で表します。他人の話や聞いたことを、相手に伝えるときに使います。-(이)라고 하다は「~という」「~だそうだ」という意味です。

  例 뭐라고 합니까? 何と言っていますか

- 아니다は아니라고となります。

  例 형이 아니라고 합니다. 兄ではないと言っています

- -(이)라고 합니다/해요は、名前を言うときの「~といいます、~と申します」という表現としても使われます。

  例 김경자라고 합니다. キム・キョンジャといいます

-(이)라고に、요(?)がついた、-(이)라고요(?)「~ですって？」は聞き返しや強調などに使われる表現です。

例）누구라고요? 誰ですって？

 次の文を日本語に訳してみましょう。(20代の女性が書いた日記です)

친구를 만나러 갔는데 모르는 사람이 와 있었다. 친구의 오빠**라고** 했다. 오빠는 25살**이라고** 했다. 처음 알았는데 친구의 부모님도 오빠도 모두 교사**라고** 한다. 나도 초등학생 때부터 교사가 꿈**이라고,** 대학을 졸업하고 고향에 돌아가 교사를 할 거**라고** 말했다.

39-2 Aの質問に、-(이)라고 들었어요(~だと聞きました)を用いて答えましょう。(お見合いについて話しています)

① A：약속이 언제라고요? (내일 오후예요)
B：내일 오후라고 들었어요.

② A：그날이 며칠이라고요? (27일이에요)
B：

③ A：직업이 뭐라고요? (중학교 교사예요)
B：

④ A：집은 어디라고요? (부산입니다)
B：

⑤ A：나이는 몇 살이라고요? (서른 둘입니다)
B：

–(ㄴ/는)다고

～すると （平叙文の引用・伝聞）

知っていると言っています
＝知っているそうです

基本形	例
動 母音語幹 + ㄴ다고 子音語幹 + 는다고 ㄹ語幹（ㄹが消える）+ ㄴ다고	간다고 한다　行くと言う 먹는다고 했다　食べると言った 안다고 해요　知っているって
形 語幹 + 다고 存 語幹 + 다고	멀다고 합니다　遠いそうです 없다고 했어요　ないと言っていました

- –ㅂ/습니다や–아/어요（～します）、–(ㄴ/는)다（～する）などの平叙文の引用・伝聞は、한다体の平叙形–(ㄴ/는)다に、–고をつけるだけです。
- –(ㄴ/는)다고 하다は「～という」「～だそうだ」という意味です。

  例 후배가 선생님을 잘 안다고 했다. 後輩が先生のことをよく知っていると言った。
- 過去形の引用は–았/었다고 하다（～したそうだ）です。
- 意志などを表す–겠다고 하다（～するつもりだそうだ）も合わせて覚えておきましょう。

–(ㄴ/는)다고に、요(?)がついた、–(ㄴ/는)다고요(?)「～ですって（?）」は聞き返しや強調などに使われる表現です。

例）언니도 먹는다고요? 姉さんも食べるんですって？

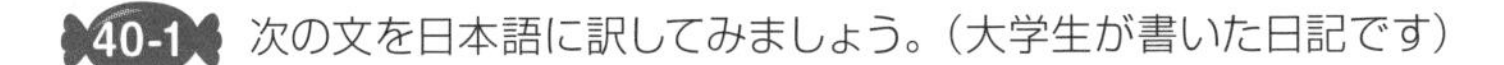

40-1 次の文を日本語に訳してみましょう。(大学生が書いた日記です)

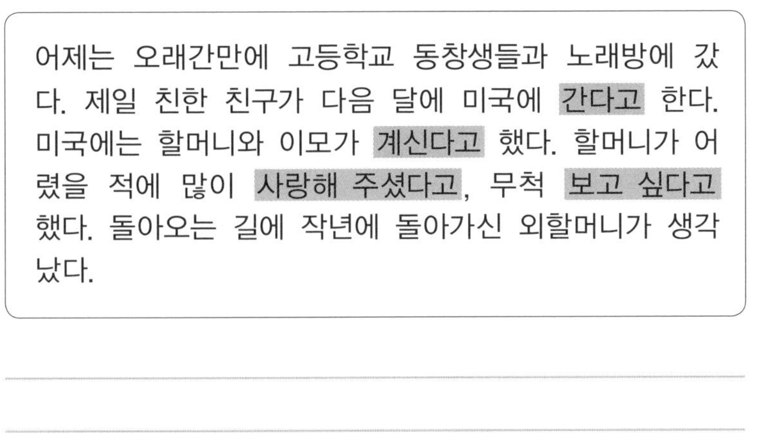

어제는 오래간만에 고등학교 동창생들과 노래방에 갔다. 제일 친한 친구가 다음 달에 미국에 **간다고** 한다. 미국에는 할머니와 이모가 **계신다고** 했다. 할머니가 어렸을 적에 많이 **사랑해 주셨다고**, 무척 **보고 싶다고** 했다. 돌아오는 길에 작년에 돌아가신 외할머니가 생각났다.

☞ 동창생 同窓生　이모 (母方の)叔母　-었을 적에 ～したときに　무척 ずいぶん

40-2 -(ㄴ/는)다고 했어요(～と言っていました)を用いて、平叙文を引用していってみましょう。

① (민수) "결혼, 축하합니다."

→ 민수가 결혼을 축하한다고 했어요.

② (철수) "신세를 많이 졌습니다."

→

③ (정미) "요리를 아주 잘해요."

→

④ (엄마) "그날은 시간이 없어."

→

⑤ (아빠) "고기보다 야채가 맛있다."

→

-느냐고/-(으)냐고

～のかと （疑問文の引用・伝聞）

基本形	例
動 存 語幹 ＋느냐고 ㄹ語幹（ㄹが消える）＋느냐고	오느냐고 해요　来るのかと言ってます 있느냐고 물어요　いるのかと聞きます 사느냐고 물었다　住むのかと聞いた
形 指 母音語幹 ＋냐고 子音語幹 ＋으냐고 ㄹ語幹（ㄹが消える）＋냐고	싸냐고 합니다　安いのかと言ってます 싫으냐고 해요　嫌なのかと言ってます 머냐고 묻습니다　遠いのかと聞いてます

- -ㅂ/습니까?や-아/어요?（～しますか）、-냐?や니?（～の?）などの疑問文の引用・伝聞は、한다体の疑問形-느(으)냐に、고をつけます。-느(으)냐고のあとは하다（言う）や묻다（聞く、尋ねる）などが続きます。
- 最近の話し言葉では느や으抜きの냐고の形が広く使われています。

  例 오느냐고 → 오냐고　　사느냐고 → 사냐고　　싫으냐? → 싫냐고
- 母音体言のあとでは指定詞の語幹이が省略されます。

  例 선배가 그 사람은 누구냐고 물었다. 先輩がその人は誰なのかと聞いた

-느(으)냐고に、요(?)がついた、-느(으)냐고(요)(?)「～のかって(?)」は聞き返しや強調などに使われる表現です。

例）어디 사느냐고요? / 사냐고요?　どこに住んでいるのかって?

次の文を日本語に訳してみましょう。(父が息子に書いたメールです)

영수야. 잘 지내니?
어제 외갓집에 다녀왔는데, 외할아버지께서 네가 유학 생활을 잘 하고 **있느냐고** 물으셨다. 외할머니께서 걱정을 많이 하셨다. 언제 **돌아오느냐고** 하셔서 두 달 뒤에 돌아온다고 전했다. 시간 내서 한번 전화라도 해라. 그럼, 또….

서울에서 아빠가

____

____

____

____

____

☞ 외갓집 (母方の) 実家　외할아버지 (母方の) 祖父　시간을 내다 時間を作る

ㄴや으抜きの-냐고 물었어요(~なのかと聞いていました)を用いて、疑問文を引用していってみましょう。

① (아빠) "할머니께 메일을 보냈냐?" おばあちゃんにメールを送ったのか？

→ 아빠가 할머니께 메일을 보냈냐고 물었어요.

② (엄마) "빨래는 어디서 하니?" 洗濯はどこでするの？

→

③ (민수) "요즘 어떻게 지냅니까?" 最近どのように過ごしていますか？

→

④ (정미) "지금도 피아노를 쳐요?" 今もピアノを弾いていますか？

→

−자고

～しようと（勧誘文の引用・伝聞）

遊ぼうと言っています

基本形	例
動 語幹 + 자고 存 있(다) + 자고	가자고 했다　行こうと言った 찾자고 해요　探そうと言っています 있자고 합니다　居ようと言っています

- −ㅂ/읍시다（～しましょう）、−아/어요（～しましょう）、−자（～しよう）などの勧誘文の引用・伝聞は、한다体の勧誘形−자に고をつけます。−자고は勧誘文を引用したり、伝聞で伝えたりするときに使います。
- −자고 하다は「～しようと言う」という意味です。
  例 같이 여행을 가자고 했다. いっしょに旅行に行こうと言った。
- 66頁で学習した−(으)려고（～しようと［する/思う］）は意図を表す表現なので、−자고（～しようと［言う］）と区別して使いましょう（詳しくは142頁参照）。

−자고に、요(?)がついた、−자고요(?)「～しようって（?）」は聞き返しや強調などに使われる表現です。

例）같이 가자고요? いっしょに行こうって？

42-1 次の文を日本語に訳してみましょう。（大学生が書いたメールです）

오늘 영수가 연휴 때 중학교 때 친구들이랑 같이 여행을 **가자고** 하네. 너는 시간 되니? 일단 내가 다른 친구들의 일정을 확인해 보고 다시 **상의하자고** 했어. 지난번에 너도 휴가 계획을 **세워 보자고** 했잖아. 그럼 연락 기다릴게.

☞ –(이)랑 ～と　일정 日程　확인 確認　상의하다 相談する

42-2 –자고 했어요（～しようと言っていました）を用いて、勧誘文を引用していってみましょう。

① (민수) "한잔 합시다." いっぱいやりましょう

→ 민수가 한잔 하자고 했어요.

② (철수) "막걸리를 마셔요." マッコリを飲みましょう

→

③ (정미) "노래방에 같이 갑시다." カラオケにいっしょに行きましょう

→

④ (엄마) "고구마 케이크를 만들자." サツマイモケーキを作ろう

→

⑤ (아빠) "라면을 끓여서 먹어." ラーメンを作って食べよう

→

お悩み解決コーナー 

-자고 vs -(으)려고　どう使い分ける?

日本語に訳すとどちらも「～しようと」となってしまう-자고と-(으)려고は、用法に使い分けがあります。-자고が「～しようと(言う)」という引用表現なのに対し、-(으)려고は「～しようと(する/思う)」という意志の表現です。「～しようと」の後に続く動詞に注目すると使い分けができます。

같이 놀자고 약속했다.

いっしょに遊ぼうと約束した

「遊ぼうと約束する」≒「遊ぼうと言う」なので、-자고を使います。

친구들과 놀려고 한다.

友だちと遊ぼうとしている

「遊ぼうとする」は、-(으)려고を用いて表現します。

지우개를 주우려고 (해서) 허리를 굽혔다.

消しゴムを拾おうとして腰をかがめた

これも「〜しようとする」なので、-(으)려고でなければなりません。また、「〜しようと言って」の「言って」や「〜しようとして」の「して」が省略されている場合が多いので、「言って」や「して」を補ってどちらを用いるか考えてみましょう。

같이 먹자고 방으로 들어왔다.

いっしょに食べようと部屋に入ってきた

「いっしょに食べようと(言って)部屋に入ってきた」なので、- 자고を用います。

잘 보려고 다가갔다.

よく見ようと近づいた

「よく見ようと(して)近づいた」なので、-(으)려고を用います。

43 −(으)라고

～しろ/～しなさいと （命令文の引用・伝聞）

待てと言っています

基本形	例
動 母音語幹 + 라고	기다리라고 했다　待ちなさいと言った
子音語幹 + 으라고	찾으라고 해요　探せと言っています
ㄹ語幹 + 라고	만들라고 합니다　作れと言っています
存 語幹 있(다) + 으라고	있으라고 했어　居なさいと言った

- −(으)세요（～してください）、−아/어요（～しなさい）、−아/어라（～しろ）などの命令文の引用・伝聞は、한다体の命令形−아/어라ではなく、−(으)라に고をつけます。
- −(으)라고 하다は「～しろ/しなさいと言う」という意味ですが、「～するように言う」と訳される場合もあります。

  例 기다리라고 했다.　待ちなさいと言った＝待つようにと言った

- 禁止命令（−지 말아요/마세요［～しないでください］）の引用・伝聞は、−지 말라고（～しないでと）です。

  例 가지 말라고 했어요.　行かないでと言いました

Plus+ ONE

−(으)라고に、요(?)がついた、−(으)라고요(?)「～しなさいって(?)」は聞き返しや強調などに使われる表現です。

例）여기 있으라고요?　ここに居なさいって?

43-1 次の文を日本語に訳してみましょう。（中学生が書いた日記の例です）

> 엄마가 내게 집을 **보라고** 하시고 외출을 하셨다. 나는 동생에게 어디 가지 말고 집에 **있으라고** 하고, 잠시 친구 집에 다녀왔다. 집에 돌아오니, 동생은 엄마가 **하지 말라고** 한 게임을 하고 있었다. 또 엄마한테 혼나겠다.

☞ 집을 보다 留守番をする　외출 外出

－(으)라고 했어요（～しなさいと言っていました）を用いて、命令文を引用していってみましょう。

① (과장 → 직원) “3시까지 일을 끝내세요.”
직원 : 과장님이 3시까지 일을 끝내라고 했어요.

② (부장 → 직원) “회의에 늦지 마세요.” 会議に遅れないでください
직원 :

③ (사장 → 과장) “술 한잔 받아요.” お酒一杯どうぞ
과장 :

④ (엄마 → 아들) “전화를 빨리 끊어라.” 電話を早く切りなさい
아들 :

⑤ (선생님 → 학생) “지각하지 말아라.” 遅刻しないで
학생 :

-아/어 달라고

～してくれと　(依頼文の引用・伝聞)

読んでくれと言っています

基本形	例
陽母音 (ㅏ, ㅑ, ㅗ) 語幹 + 아 달라고	사 달라고　買ってくれと
陰母音 (ㅏ, ㅑ, ㅗ 以外) 語幹 + 어 달라고	빌려 달라고　貸してくれと
하다用言 → 해 달라고	일해 달라고　働いてくれと

- −아/어　주세요 (～してください)、−아/어　주시겠어요? (～していただけますか) などの依頼文の引用・伝聞は、−아/어　달라고 (～してくれと) です。依頼文なので依頼者 (話し手) が恩恵を受ける場合に使います。

  例 형이 사전을 빌려 달라고 합니다.　兄が辞書を貸してくれと言っています

- 命令文の引用・伝聞は−아/어　주라고 (～してやれと) です。話し手は聞き手に命令するだけで恩恵を受けるのは第３者になります。

  例 엄마가 내게 형을 도와주라고 했다.　母が私に兄を助けてやれと言った

−아/어　달라고요(?)「～してくれって」、−아/어　주라고요(?)「～してやれって(?)」という表現も聞き返しや強調などによく使われます。

例) 만들어 달라고요?　作ってくれって？

　　만들어 주라고요?　作ってやれって？

44-1 次の文を日本語に訳してみましょう。(中学生が書いた日記です)

충전기를 잃어버려서 동생에게 충전기를 **빌려 달라고** 했다. 그랬더니 안 빌려 준다고 해서 말싸움이 됐다. 할머니가 오셔서 동생한테 충전기를 형에게 좀 **빌려주라고** 하셨다. 그제서야 동생은 마지못해 30분만 쓰라고 충전기를 빌려줬다. 내일 엄마한테 새 충전기를 **사 달라고** 해야겠다.

☞ 그랬더니 そうしたら　그제서야 やっと　마지못해 しぶしぶ

44-2 −달라고もしくは−주라고を用いて、引用文を完成させましょう。

① 母が私に、「カバンを持ってくれる?」

엄마가 내게 가방을 들어 (달라고) 했다.

② 弟が母に、「トッポッキを作ってください」

동생이 엄마에게 떡볶이를 만들어 (　　　　) 했다.

③ 祖母が私に、「本を弟に貸してやりなさい」

할머니가 내게 책을 동생에게 빌려 (　　　　) 하셨다.

④ 社長が私に、「明日からでも仕事をしてください」

사장님이 내게 내일부터라도 일을 해 (　　　　) 했다.

⑤ 兄が私に、「このことを他の人にも知らせてくれる?」

형이 내게 이 일을 다른 사람한테도 알려 (　　　　) 했다.

5分間の力だめし!

❖ 日本語訳に合うように、正しいものを選んでください。

❶ 친구는 오사카에 (산다 / 살는다)고 했다.
友達は大阪に住んでいると言った。

❷ 친구 생일은 3월이 (아니라고 / 아니다고) 말했다.
友達の誕生日は3月ではないと言った。

❸ 내 생일이 (언제인가 / 언제냐)고 물었다.
私の誕生日はいつなのかと尋ねてきた。

❹ 나는 친구에게 다음에 (만나려 / 만나자)고 했다.
私は友人に今度会いましょうと言った。

❺ 한국에 오면 내게 꼭 연락을 (주라 / 달라)고 전했다.
韓国に来たら私に必ず連絡をくださいと伝えた。

▶ 39 ～ 44 の答え

① (산다 / 살는다)
② (아니라고 / 아니다고)
③ (언제인가 / 언제냐)
④ (만나려 / 만나자)
⑤ (주라 / 달라)

引用・伝聞の縮約形

45 –(이)래(요)(?)

46 –(ㄴ/는)대(요)(?)

47 –느냬(요)(?) /-(으)냬(요)(?)

48 –재(요)(?)

49 –(으)래(요)(?)

引用・伝聞文の합니다体と해요体は、話し言葉では主に –고 하– が縮約された形が使われます。ここでは名詞文、平叙文、疑問文、勧誘文、命令文の引用・伝聞の –고 하– の縮約された形について学びます。

맥도날드라고 합니다.

맥도날드랍니다.

マクドナルドだそうです

45 -(이)래(요)(?)

～(だ)そうです(か)、～ですって(?)

(名詞文の引用・伝聞)

3歳ですって？

基本形	例
母音体言 + 래요	누구래요? 誰ですって？
子音体言 + 이래요	형이래요 兄さんだそうです

- 名詞文の引用・伝聞の해요体-(이)라고 해요(?) (⇒134頁) は、話し言葉では主に-고 하-を縮約した-(이)래요(?)が使われます。

  例 누구라고 해요? → 누구래요? 誰ですって?

  삼촌이라고 해요. → 삼촌이래요. おじさんだそうです

- 합니다体の-(이)라고 합니다/합니까?の縮約形は、-(이)랍니다/-랍니까?です。해요体に比べ、합니다体はかしこまったニュアンスがあります。

  例 누구라고 합니까? → 누구랍니까? 誰だと言っていますか

  형이라고 합니다. → 형이랍니다. お兄さんだそうです

- 해요体から요を取ると、해体になります。

  例 형이래. お兄さんだって

Plus+ ONE -(이)라는は、-(이)라고 하는から-고 하-を縮約した形で、「～という+名詞」の意味です。-는は動詞の現在連体形です。

例）형이라는 사람 兄という人

45-1 メモを見て、−(이)래요（〜だそうです）と答えてみましょう。

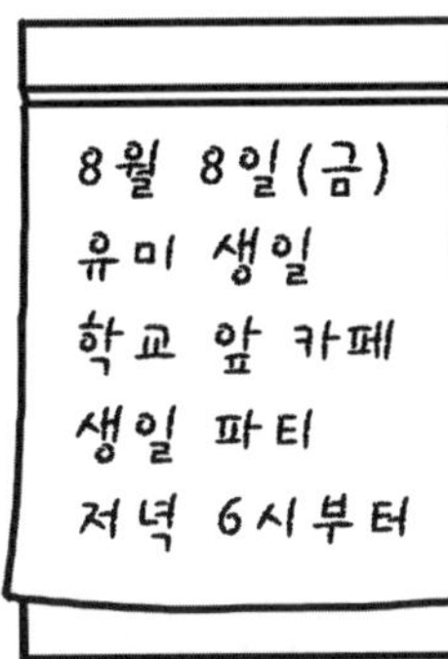

① A：유미의 생일은 언제랍니까?
　B：8월 8일이래요.

② A：8월 8일은 무슨 요일이랍니까?
　B：

③ A：생일 파티 장소는 어디랍니까?
　B：

④ A：파티는 몇 시부터랍니까?
　B：

45-2 次の質問に、−(이)래（〜[だ]って）を用いて答えましょう。
（後輩の質問に、知っていることを伝えています）

① A：저분은 어느 나라 사람이에요?（미국 사람이에요）
　B：（ 미국 사람이래. ）

② A：대학생이에요?（대학원생이에요）
　B：아니,（　　　　　　　　　　）

③ A：몇 년생이에요?（1998년생이에요）
　B：（　　　　　　　　　　）

④ A：무슨 일을 해요?（배우예요）
　B：（　　　　　　　　　　）

⑤ A：환영 파티는 토요일이에요?（일요일이에요）
　B：아니,（　　　　　　　　　　）　☞ 환영 歓迎

なるほど…会話では縮約された形が
よく使われるんだね。

46 -(ㄴ/는)대(요)(?)

~だそうです(か)、~するって(?)（平叙文の引用・伝聞）

基本形	例
動 母音語幹 + ㄴ대(요) 子音語幹 + 는대(요) ㄹ語幹（ㄹが消える）+ ㄴ대(요)	간대요　行くそうです 먹는대요　食べるそうです 안대?　知っているって？
形 存　語幹 + 대(요)	멀대요　遠いそうです 있대　あるって

- 平叙文の引用・伝聞の해요体-(ㄴ/는)다고　해요(?)は、話し言葉では主に-고　하-を縮約した-(ㄴ/는)대요(?)が使われます。
- 합니다体の-(ㄴ/는)다고　합니다/합니까?の縮約形は、-(ㄴ/는)답니다/답니까?です。 例 간답니까? 네. 간답니다. 行くと言っていますか？　はい、行くそうです
- 「~したそうです」は、品詞を問わず-았/었대요、-았/었답니다です。
  例 아주 멀었대요 / 멀었답니다. とても遠かったそうです
- 해요体から요を取ると、해体になります。
  例 시간이 없대. 時間がないって

Plus+ ONE -(ㄴ/는)다는は、-(ㄴ/는)다고　하는から-고 하-を縮約した形で、「~するという+名詞」の意味です。-는は動詞の現在連体形です。
例）간다는 사람　行くという人

46-1 A「～と言っていますか（-(ㄴ/는)답니까?)」、B「～だそうです（-[ㄴ/는]대요)」というやり取りを完成させましょう。

① 원장님을 알다　園長を知る

A：원장님을（ 안답니까? ）

B：네. 잘（ 안대요. ）

② 편지를 부치다　手紙を出す

A：편지를（　　　　　　　　）

B：네. 이따가（　　　　　　　　）

③ 내일도 바쁘다　明日も忙しい

A：내일도（　　　　　　　　）

B：네. 많이（　　　　　　　　）

④ 조카딸은 취직하다　姪は就職する

A：조카딸은（　　　　　　　　）

B：네. 내년에（　　　　　　　　）

なるほど…
-답니다
-대요
と覚えておこう。

46-2 -았/었대（～したって）を用いて、平叙文を引用していってみましょう。
（ヨンス・叔父・叔母などから聞いた話を、兄が妹に伝えています）

① (영수) "무사히 도착했습니다."　無事に着きました

→ 영수가 무사히 도착했대.

② (삼촌) "계속해서 일이 많았어요."　立て続けにいろいろありました

→

③ (이모) "어릴 때 만화를 좋아했지."　幼いとき漫画が好きだった

→

④ (엄마) "그때 너무 힘들었어."　あの時とても辛かったよ

→

⑤ (선배) "지난번에는 무척 고마웠다."　この前は非常に助かったよ

→

-느내(요)/-(으)내(요)(?)

～するのかと言っています(か)、～するのかって(?)

(疑問文の引用・伝聞)

どこに住んでいるのかですって

基本形	例
動 存 語幹 + 느내요 ㄹ語幹(ㄹが消える) + 느내요	오느내요　来るのかと言ってます 사느내　住むのかって
形 指 母音語幹 + 내요 子音語幹 + (으)내요 ㄹ語幹(ㄹが消える) + 내요	싸내요　安いのかと言ってます 싫으내요　嫌なのかと言ってます 머내?　遠いのかって?

- 疑問文の引用・伝聞の해요体-느(으)냐고 해요(?)は、話し言葉では主に-고 하-を縮約した-느(으)내요(?)が使われます。
- 합니다体の-느(으)냐고 합니다/합니까?の縮約形は、-느(으)냡니다/느(으)냡니까?です。

  例 오느냡니까?　来るのかと言っていますか?

  네. 오느냡니다.　はい、来るのかと言っています
- 最近の話し言葉では느や으抜きの-내요/냅니다の形が広く使われます。

  例 언제 오내요.　いつ来るかって　　정말 싫내요?　本当に嫌なのかって?
- 「～したのかと言っています(か)」は品詞を問わず、-았/었(느)내요(?)です。

  例 언제 왔느내요=왔내요.　いつ来たのかって
- 해요体から요を取ると、해体になります。　例 내일 오내?　明日来るかって?

 ㄴや으抜きの−냬요(〜のかと言っています)を用いて、対話文を完成させましょう。

① 딸　: 할아버지가 엄마 어디 (가냬요.)
엄마 : 아, 시장에 가는데.

② 후배 : 교장 선생님이 선배는 어디 (　　　　　　)
선배 : 나? 교토에 사는데.

③ 엄마 : 할머니가 또 언제 (　　　　　　)
삼촌 : 아, 주말에 또 올게요.

④ 딸　: 엄마가 청바지가 (　　　　　　)
아빠 : 청바지? 좋은데.

⑤ 동생 : 아빠가 용돈은 (　　　　　　)
오빠 : 응. 아직 있어.

☞ 청바지 ジーンズ　용돈 小遣い

 ㄴ抜きの−았/었냬(〜したのかって)を用いて、疑問文を引用していってみましょう。

① (아빠) "할머니께 전화를 드렸냐?" おばあちゃんに電話したのかい？
→ 아빠가 할머니께 전화를 드렸냬.

② (엄마) "저녁은 어디서 먹었니?" 夕食はどこで食べたの？
→

③ (선배) "시험은 잘 봤어요?" 試験はできましたか？
→

④ (사장님) "한국에 갔다 왔습니까?" 韓国に行って来ましたか？
→

⑤ (오빠) "그때는 시간이 없었어?" あの時は時間がなかったの？
→

48 －재(요)(?) (勧誘文の引用・伝聞)

～しようと言っています(か)、～しようって(?)

基本形	例
動 語幹 ＋ 재(요) 存 있(다) ＋ 재(요)	가재요　行こうと言っています 찾재요　探そうと言っています 있재?　居ようって？

- 勧誘文の引用・伝聞の해요体－자고　해요(?)は、話し言葉では主に－고　하－を縮約した－재요(?)が使われます。
- 합니다体の－자고　합니다/합니까?の縮約形は、－잡니다/잡니까?です。

  例 같이 가잡니까?　いっしょに行こうと言っていますか？

  　 네. 같이 가잡니다.　はい、いっしょに行こうと言っています

- 해요体から요を取ると、해体になります。

  例 내일 가재.　明日行こうって

Plus+ ONE　－자는は、－자고　하는から－고 하－を縮約した形で、「～しようという＋名詞」という意味です。－는は動詞の現在連体形です。

例）가자는 사람　行こうという人

48-1 A「〜としようって（−재요）」、B「〜しよう（−자）」というやりとりを完成させましょう。

① 저녁은 사 먹다　夕食は外食する

A：저녁은（ 사 먹재요. ）

B：그래.（ 사 먹자. ）

② 같이 연습하다　いっしょに練習する

A：같이（　　　　　　）

B：그래. 같이（　　　　　　）

③ 옛날 일은 잊다　昔のことは忘れる

A：옛날 일은（　　　　　　）

B：그래. 다（　　　　　　）

④ 산 정상까지 올라가다　山の頂上まで登る

A：산 정상까지（　　　　　　）

B：그래. 정상까지（　　　　　　）

48-2 −재（〜しようって）を用いて、勧誘文を引用していってみましょう。

① (선배) "스키를 타러 가요."　スキーに行きましょう

→ 선배가 스키를 타러 가재.

② (부장님) "과장님의 의견도 들어 봅시다."　課長の意見も聞いてみましょう

→

③ (사장님) "한 시간 일찍 문을 닫아요."　1時間早く店を閉めましょう

→

④ (엄마) "5층이니까 걸어서 올라가자."　5階だから歩いて上がって行こう

→

⑤ (아빠) "어디가 싼지 비교해 봅시다."　どこが安いのか比較してみましょう

→

-(으)래요(?) (命令文の引用・伝聞)

~しろと言っています(か)、~しろって(?)

待てですって？

基本形	例
動 母音語幹 ＋래요	기다리래요　待ちなさいと言っています
子音語幹 ＋으래요	찾으래요　探せと言っています
存 있(다) ＋ 으래요	있으래?　居なさいって？

- 命令文の引用・伝聞の해요体-(으)라고 해요は、話し言葉では主に-고 하-を縮約した-(으)래요(?)が使われます。
- 합니다体の-(으)라고 합니다/합니까?の縮約形は-(으)랍니다/(으)랍니까?です。

  例 저한테 가랍니까?　私に行けと言っていますか？

  네. 가랍니다.　はい、行けと言っています

- 禁止命令の伝聞・引用の해요体-지 말라고 해요の縮約形は、-지 말래요(?)が使われます。합니다体は-지 말랍니다/말랍니까?です。

  例 혼자는 가지 말래요/가지 말랍니다.　ひとりでは行かないでほしいって

- 해요体から요を取ると、해体になります。

  例 여기 있으래.　ここに居なさいって

Plus+ ONE -(으)라는は、-(으)라고 하는から-고 하-を縮約した形で、「~しなさいという+名詞」の意味です。-는は動詞の現在連体形です。

例）가라는 사람　行きなさいという人

49-1 A「～しなさいですって？（−[으]래요?）」、B「～しなさいって（−[으]래）」というやり取りを完成させましょう。

① 일찍 들어오다　早めに帰ってくる

A：일찍（ 들어오래요? ）

B：그래. 일찍（ 들어오래. ）

② 돈을 빨리 갚다　お金は早く返す

A：돈을 빨리（　　　　　　　）

B：그래. 빨리（　　　　　　　）

③ 술은 마시지 말다　お酒は止める

A：술은（　　　　　　　）

B：그래. 술은（　　　　　　　）

④ 골프는 치지 말다　ゴルフは止める

A：골프는（　　　　　　　）

B：그래. 골프는（　　　　　　　）

なるほど…
「～しないでほしいって」は、
-지 말래なんだ。

49-2 −(으)래（～しなさいって）を用いて、命令文を引用していってみましょう。

① (과장 → 직원) "3시까지 들어와요."　3時までには戻ってください

직원：과장님이 3시까지 들어오래.

② (부장 → 직원) "직접 사장님께 물어보세요."　直接社長に聞いてみてください

직원：

③ (감독 → 학생) "약속을 꼭 지켜라."　約束は必ず守りなさい

학생：

④ (주인 → 손님) "물건은 만지지 마세요."　品物には触らないでください

손님：

⑤ (엄마 → 아들) "밥을 남기지 말아라."　ご飯を残さないように

아들：

45〜49の復習　引用文の합니다体と해요体の縮約形

引用文の합니다体と해요体は、話し言葉では-고 하-が縮約した形がよく使われます。

	引用文	-고 하-の縮約形
叙述	-(ㄴ/는)다고 합니다	-(ㄴ/는)답니다 / 답니까?
	-(ㄴ/는)다고 해요	-(ㄴ/는)대요(?)
	(名詞) -(이)라고 해요	-(이)래요(?)
疑問	-느(으)냐고 합니다	-느(으)냡니다 / 냡니까?
	-느(으)냐고 해요	-느(으)내요(?)
勧誘	-자고 합니다	-잡니다 / 잡니까?
	-자고 해요	-재요(?)
命令	-(으)라고 합니다	-(으)랍니다 / 랍니까?
	-(으)라고 해요	-(으)래요(?)
依頼	-아/어 달라고 합니다	-아/어 달랍니다 / 달랍니까?
	-아/어 달라고 해요	-아/어 달래요

名詞文の引用-(이)래요(?)と、命令文の引用-(으)래요(?)を区別しましょう。

❶ 부모님은 두 분 다 교원(이래요 / 으래요).

ご両親は二人とも教員だそうです。

❷ 빨리 밥 (먹이래요 / 먹으래요).

早くご飯を食べなさいって。

▶ 45 〜 49 の答え

① (**이래요** / 으래요)

② (먹이래요 / **먹으래요**)

接続形〈2〉
順序・中断・完了など

50 −고 나서

51 −ㄴ/은 지

52 −다가

❖ −다가 典型的な使い方と誤用

53 −았/었다가

❖ −았/었다가 典型的な使い方

54 −아/어다가

ここでは「〜してから」「〜して」「〜していて（〜して）」「〜したが」「〜してきて、〜していって」などを表すのいくつかの接続語尾について学びます。

−다가・−았/었다가・−아/어다가は、どれも−다가が含まれていますが、意味や使い方が異なるのでしっかり押さえておきましょう。

50 -고 나서

~してから

君が行ってから思い出した

基本形	例
語幹＋고 나서	가고 나서　行ってから 죽고 나서　死んでから 읽고 나서　読んでから

- -고 나다（～し終わる、～してしまう）に、-아서がついた形で、「～してから（する）」という、後節の動作を"いつ"するのか（用法［1］）もしくは後節の状態が"いつ"からなのかを明確にする（用法［2］）ときに使います。

  例 사용법을 읽고 나서 사용하십시오.（用法［1］）
  使用方法を読んでからご使用ください

  그 책을 읽고 나서 생각이 바뀌었다.（用法［2］）
  その本を読んでから考えが変わった

- 가다、오다などの移動動詞＋고 나서は、1人称の場合は使えないことが多いです。

  例 (나는) 백화점에 ×가고 나서(○가서) 세일이라는 것을 알았다.
  (私は) デパートに行ってからセールであることが分かった

もう一度確認！

-ㄴ/은 뒤(에)は、そのあとに"何"をするのかを明確にするときに使います。（『絵で学ぶ 韓国語文法』56 参照）

例）사용법을 읽은 뒤에 약을 발랐다． 使用方法を読んでから薬を塗った

50-1 Aの質問に、B「〜から〜します(-고 나서 -ㄹ/을게요)」という返事を作りましょう。

① A : 언제 연락할 거예요?
B : 일을 마치고 나서 연락할게요. (일을 마치다)

② A : 청소는 언제 할 거예요?
B : ______________________ (빨래를 하다)

③ A : 단어 시험은 언제 봐요?
B : ______________________ (읽기 연습를 하다)

④ A : 언제 결혼식을 올려요?
B : ______________________ (집을 구하다)

50-2 (　　)にふさわしい単語を選び、-고 나서を用いて、文を完成させましょう。(結婚してから変わったことを並べています)

시작하다	결혼하다	낳다	먹다	들어가다

① 저는 (결혼하고 나서) 생활 리듬이 바뀌었어요.
私は結婚してから生活リズムが変わりました

② 아이를 (　　　　　　) 몸이 좀 안 좋았어요.
子どもを産んでから体の具合がよくありませんでした

③ 한약을 (　　　　　　) 많이 좋아졌어요.
漢方の薬を飲んでからずいぶんよくなりました

④ 아들이 중학교에 (　　　　　　) 내 시간이 생겼어요.
息子が中学校に入ってから自分の時間ができました

⑤ 다시 일을 (　　　　　　) 좀 살이 빠졌어요.
再び仕事を始めてからちょっと痩せました　▽살이 빠지다で「痩せる」

-ㄴ/은 지

~して、~してから

ここで暮らしてから2年目?

基本形	例
動 母音語幹 + ㄴ 지	졸업한 지　卒業してから
子音語幹 + 은 지	먹은 지　食べてから
ㄹ語幹（ㄹが消える）+ ㄴ 지	산 지　暮らしてから

- 動詞の過去連体形（ㄴ/은）に、지がついた形で、「~して」「~してから」という時間の経過を表す表現です。-ㄴ/은のあとは一文字空けて書きます。
- -ㄴ/은 지のあとには時間の経過に関する内容しか来ないという制限があります。

  例 ○한국어를 배운 지 1년이 된다.　韓国語を習ってから1年になる

  ×한국어를 배운 지 한국에 가 봤다.
- 日本語に訳すのは難しいですが、-ㄴ/은 지のあとには는·가などの助詞がつくこともあります。

  例 한국어를 배운 지는 오래돼요.　韓国語を習ってからずいぶんたちます
- -ㄴ/은 지は-고 나서には置き換えられません。

  例 ×한국어를 배우고 나서 1년이 된다.

Plus+ ONE くっつけて書く-ㄴ/은지は、「~なのか」という漠然とした疑問を表す別の文型です（⇒38頁）。

例）싫은지 말이 없었다.　嫌なのか何も言わなかった

51-1 Aの−ㄴ/은 지 얼마나 돼요? (〜してからどれくらいになりますか) という質問を完成させましょう。

① 요가를 배우다　ヨガを習う

A：요가를 (배운 지 얼마나 돼요?)

B：2달째예요.

② 사업을 시작하다　事業を始める

A：사업을 (　　　　　　　　　　)

B：이번 달에 시작했어요.

③ 그 사람과 사귀다　その人と付き合う

A：그 사람과 (　　　　　　　　　　)

B：내일로 100일이 돼요.

④ 함께 생활하다　いっしょに生活する

A：함께 (　　　　　　　　　　)

B：얼마 안 됐어요.

⑤ 연락을 주고받다　連絡のやり取りをする

A：연락을 (　　　　　　　　　　)

B：한참 됐어요.

なるほど…
−ㄴ/은 지って
時間の「から」
なんだ。

51-2 最も適当な表現を選びましょう。

① 한국어를 (배운 지 / 배워서) 3년이 돼요.
韓国語を学んで3年になります

② 한국어 선생님하고 (안 지 / 알아서)는 꽤 돼요.
韓国語の先生と知り合ってからずいぶんたちます

③ 대학을 (졸업한 지 / 졸업하고 나서) 바로 취직했어요.
大学を卒業してからすぐ就職しました

④ 홈페이지를 (만든 지 / 만들고 나서) 주문이 늘었어요.
HPをつくってから注文が増えました

⑤ 회사를 (관둔 지 / 관두고 나서) 얼마 안 돼요.
会社を辞めて間もないです

52 −다(가)

～していて、～している途中で（～した）

マンガを見ていて、
寝てしまった

基本形	例
語幹＋다(가)	보다가　見ていて 웃다가　笑ったり 놀다　遊んでいて

- −다(가)は、「～していて（～した）」というある動作をしていて、その動作が終わる前にほかの動作へ移ることを表すときに使います。−다(가)の가は省略することができます。

  例 밥 먹다 뭐하니?　食事中に何しているの？

- 注意したい点は、−다(가)の文では前後の主語や主題が一致しなければならないということです。

  例 여동생은 이야기를 하다가 (×내가) 울어 버렸다.
  妹は話をしている途中で（×私が）泣いてしまった

- −다(가) −다(가)の形で「～したり～したり」という反復を表すこともあります。

  例 울다가 웃다가 했다.　泣いたり笑ったりした

Plus+ ONE　−다(가) 말다は、「～しかけてやめる」「～する途中でやめる」という意味です。
例）하다 말면 어떡해.　途中でやめてどうするの？

52-1 与えられた語句を用いて、「－다 －았/었어요（～していて～しました）」という文を作りましょう。

① 친구와 놀다　友達と遊ぶ / 늦게 들어오다　遅く帰ってくる

→ 친구와 놀다 늦게 들어왔어요.

② 자전거를 타다　自転車に乗る / 넘어지다　転ぶ

→

③ 한참 걷다　しばらく歩く / 택시를 타다　タクシーに乗る

→

④ 우표를 모으다　切手を集める / 그만두다　やめる

→

⑤ 영화를 보다　映画を観る / 울고 말다　泣いてしまう

→

52-2（　　）にふさわしい単語を選び、－다가を用いて文を完成させましょう。

듣다	쓰다	자다	흐리다	보다

① 날씨는（ 흐리다가 ）오후부터 갰다.
（天気は）曇っていたが午後から晴れた

② 영수는 수업을（　　　　　）잠이 들어 버렸다.
ヨンスは授業を聞いている途中で眠ってしまった

③ 나는 텔레비전을（　　　　　）게임을 했다.
私はテレビを見ている途中で、ゲームをした

④ 어제는 잠을（　　　　　）침대에서 떨어졌다.
昨日は寝ていて（睡眠中に）ベッドから落ちた

⑤ 형은 보고서를（　　　　　）말고 나갔다.
兄は報告書を書く途中でやめて出かけた

お悩み解決コーナー 16

-다가 典型的な使い方と誤用

-다가は「〜していて」「〜している途中で」というような日本語に当たりますが、何かしている途中で思いがけないハプニングが起こる時によく使われます。

-다가を使う際には、二つの文法的な制約があります。一つは前後の文で主語や主題が一致していること。もう一つは、後節が叙述文や疑問文であること、つまり命令・意志・願望などの表現が-다가の後に続いてはいけません。

수업을 듣다가
잠이 들었다.

授業を聞いている途中で
寝てしまった

-다가の前後では主語は一致していなければなりません。

(×) 애들이 수업을 듣다가 나만 교실을 빠져나갔다. 「みんなが授業を聞いている途中で、私だけ教室を抜け出した」

동영상을 보다가
컴퓨터가 다운됐다.

動画を見ている途中で、
コンピュータがダウンした

前後の主語が一致していなくても、「私」の視点が一貫していれば-다가を用いることができます。

야채를 썰다가
손가락을 베었다.

野菜を切っていて、
指を切った

−다가の後で、命令文は使えません。
（×）야채를 썰다가 말을 시키지 마.「野菜を切っている途中で話しかけないで」

방청소를 하다가 옛날
사진을 발견했다.

部屋の掃除をしていて、
昔の写真を見つけた

−다가の後で、意志の表現も使えません。
（×）방청소를 하다가 빨래도 하려고 했다.「部屋の掃除をしている途中で、洗濯もしようと思った」

건강하게 살다가
100살에 돌아가셨다.

健康に暮らしていたが、
100歳で亡くなった

−다가の前で表された行為が、途中で中断されるような話でなければなりません。
（×）건강하게 살다가 돈은 없었다.「健康に暮らしていたが、お金はなかった」

53 –았/었다(가)

～して(から)、～したが

基本形	例
陽母音(ㅏ, ㅑ, ㅗ)語幹 + 았다(가)	샀다가　買ったが
陰母音(ㅏ, ㅑ, ㅗ 以外)語幹 + 었다(가)	껐다가　消してから
하다用言 → 했다(가)	입원했다가　入院していたが

- –았/었に、다(가)がついた形で、「(ひとまず)～してから～する/した」「(一旦)～だったが」という動作の完了後、ほかの動作への転換を表す場合に使います。–았/었다가の가は省略することができます。
- –았/었다(가)のあとには前と逆の動作が並べられる場合が多く、"元の状態に戻す"というニュアンスがあります。

  例 학교에 **갔다가** 지금 왔다.　学校に行って、今帰ってきた

  휴학했다가 복학한 학생.　休学していたが復学した学生
- –았/었다(가)の文では前後の主語や主題が一致しなければなりません。
- –(았/었)다가　–(았/었)다가の形で「～したり～したり」という反復を表すこともあります。　例 **추웠다 더웠다** 해요.　寒かったり暑かったりします

もう一度確認！　形容詞の場合は、–다(가)と–았/었다(가)は意味の違いはありませんが、動詞につく–다(가)と–았/었다(가)の意味はまったく異なるので注意しましょう(–다(가)については⇒166頁)。

53-1 最も適当な表現を選んでみましょう。

① 짐을 (쌌다가 / 싸서) 다시 풀었다.
荷造りをしてから、また解いた　▽짐을 싸다で「荷造りをする」

② 텔레비전을 (껐다가 / 끈 뒤에) 다시 켰다.
テレビを消してから、またつけた

③ 여행을 (갔다 / 가서) 어제 돌아왔다.
旅行に行って昨日帰って来た

④ 넥타이를 (맸다 / 맸지만) 풀어 버렸다.
ネクタイを結んだが解いてしまった

⑤ 그는 안경을 (썼다 / 쓰고) 벗었다 했다.
彼は眼鏡をかけたり外したりした

53-2 (　　　　)にふさわしい単語を選び、-았/었다가を用いて、文を完成させましょう。

입원하다	예약하다	좋다	눕다	사다

① 며칠 날씨가 (좋았다가) 다시 비가 내렸다.
数日天気が良かったが、また雨が降ってきた

② 할아버지는 (　　　　　　　) 어제 퇴원했어요.
祖父は入院していたが、昨日退院しました

③ 자려고 (　　　　　　　) 잠이 안 와서 일어났다.
寝ようと横になっていたが、眠れなくて起き上がった

④ 호텔을 (　　　　　　　) 일정이 바뀌어 취소했어.
ホテルを予約していたが、日程が変わり取り消した

⑤ 아이 바지를 (　　　　　　　) 작아서 반품했어.
子どものパンツを買ったが、小さくて返品した

なるほど… -았/었다가と
-다가は、全然違うんだね。

お悩み解決コーナー 17

-았/었다가 典型的な使い方

-았/었다가を韓日辞書で見ると、「〜してから」「〜のだが」などの日本語訳がついています。-고 나서「〜してから」や-는데「〜のだが」とどう違うのか疑問になりますが、-았/었다가は「(一時的に、いったん)〜してから、〜のだが（再び元の状態に戻る)」というパターンで用いられることが多いです。

잠시 쉬었다가 다시 걷기 시작한 남녀

しばらく休んでまた歩きはじめた男女

살을 뺐다가 다시 살찐 아빠

痩せたがまた太ったパパ

어깨를 다쳤다가 회복된 선수

肩を傷めたが回復した選手

죽었다가
살아난 사람

死んで
よみがえった人

가다/오다のような移動動詞＋다가は、そこへ行って/来てたまたま起こった出来事を表現する時に使います。

한국에 갔다가
지금의 남편을
만났다.

韓国に行って
今の夫と出会った

한국에 가서 지금의 남편을 만났다「韓国に行って今の夫と会った」は、「偶然出会った」というより意図的に「会いに行ったように」聞こえます。
たとえば「おばあちゃんがうちに来て財布を忘れて行った」も意図的な行為ではないので、할머니가 우리 집에 왔다가 지갑을 두고 가셨다と表現します。

-아/어다(가)

~してきて、~していって

牛乳を買って来て
あげようか

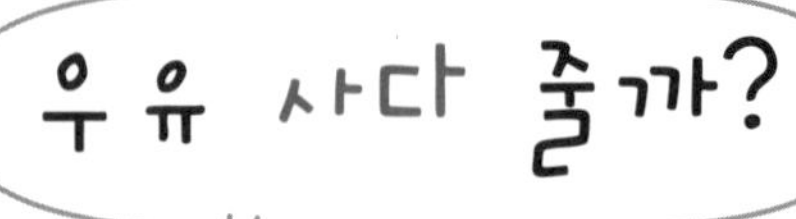

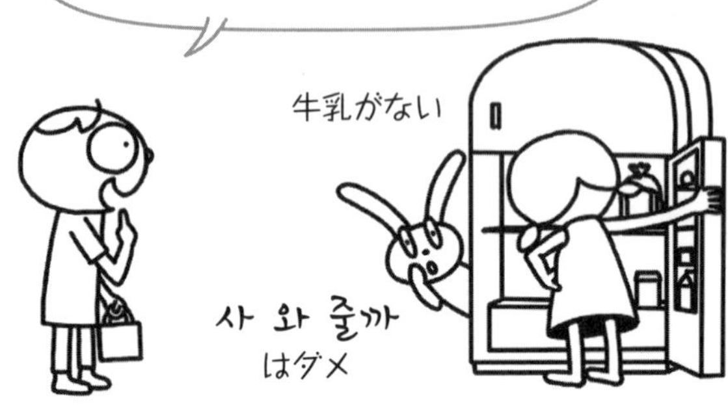

基本形	例
陽母音 (ㅏ, ㅑ, ㅗ) 語幹 + 아다(가)	사다가　買ってきて
陰母音 (ㅏ, ㅑ, ㅗ 以外) 語幹 + 어다(가)	가져다　持ってきて
하다用言 → 해다(가)	해다　していって

- 「~してきて」「~していって」を表わす-아/어다(가)は、ある動作を完了しほかの場所へ持っていき、違う動作をする場合に使います。-아/어다(가)の가は省略することができます。

  例 우유를 **사다** 냉장고에 넣어 두었다.　牛乳を買ってきて冷蔵庫に入れておいた

- -아/어다(가) 주다 (~してきてくれる/あげる) /드리다 (差し上げる) の形がよく使われます。

  例 밥을 **해다** 줬어요.　ご飯を作っていってあげました

- -가져다(가) 주다 (持ってきてくれる/あげる) の-가져다(가)は、話し言葉ではしばしば縮約形の갖다(가)の形が使われます。

  例 우유를 **갖다** 줄까?　牛乳を持ってきてあげようか

바래다주다 (人を送る)、태워다 주다 (乗せてくれる)、데려다 주다 (連れて行ってくれる) などの語句も覚えておきましょう。

54-1 (　　　　) にふさわしい単語を選び、−아/어다を用いて、文を完成させましょう。

가지다　　구하다　　모시다　　사다　　타다

① 코트 좀 (가져다) 옷장에 걸어 줘요.
コートを持ってきてクロゼットにかけてください

② 손님을 (　　　　　　　　) 드리고 올게요.
お客様をお見送りして来ます

③ 커피 한잔 (　　　　　　　　) 드릴까요?
(インスタント) コーヒーを一杯淹れてきて差し上げましょうか

④ 김치는 (　　　　　　　　) 먹어요.
キムチは買ってきて食べます

⑤ 인삼을 좀 (　　　　　　　　) 주세요.
高麗人参を手に入れてきてください　　▽구하다で「手に入れる」

54-2 A「〜してさしあげましょうか (−아/어다 드릴까요?)」、B「〜してきて/いってください (−아/어다 주세요)」というやり取りを完成させましょう。

① 라면을 끓이다 ラーメンを作る

A : 라면을 (끓여다 드릴까요?)

B : 네, 좀 (끓여다 주세요.)

② 가방을 들다 カバンを持つ

A : 가방을 (　　　　　　　　　　)

B : 네. 좀 (　　　　　　　　　　)

③ 집까지 태우다 家まで乗せる

A : 집까지 (　　　　　　　　　　)

B : 네. 좀 (　　　　　　　　　　)

④ 음료수를 뽑다 飲み物を買う

A : 음료수를 (　　　　　　　　　　)

B : 네. 좀 (　　　　　　　　　　)

なるほど…
−아/어다(가)の
가は「してきて」と
「していって」の
二つあるんだ。

お悩み解決コーナー 18

～して来る　どう使い分ける?

「～して来る」を韓国語で表現する場合は、どういう意味の「来る」なのかや「～して来る」の前に来る動作が瞬間的な動作か継続的な動作かなどによって、用いる文型が変わってきます。場面を通して使い分けを見てみましょう。

만들어 왔다.

作って来た
＝（ずっと）作って来た

実際に移動を表わす「来る」ではなく、過去から現在までの推移を表わす「ずっと、だんだん、どんどん～してくる」は、−아/어 오다を用いて表現します。
（−아/어 오다については、⇒112頁）

갈아입고 왔다.

着替えて来た
＝着替えてから来た

「Aをしてから／Aをした後で来る」という意味で単純に行為の順を表わすような場合は、−고 오다で表現します。

놀다(가) 왔어.

遊んで来た
＝遊んでいて（戻って）きた

「ここに来るまで何をしていたか」を表わす「〜して来る」は、-다가 오다の文型を用います。

들렀다(가) 왔다.

寄って来た
＝（ちょっと）寄ってから来た

「(一時的に、一旦、ちょっと）〜してから来る」という場合は、-았/었다가 오다の文型を用います。

불러다(가) 주었다.

医者を呼んできてあげた

「〜して来てあげる/くれる」というパターンの場合は、오다を含まない -아/어다 주다という文型を用います。

5分間の力だめし！

❖ 日本語訳に合うように、正しいものを選んでください。

❶ 딸 아이는 대학에 (들어가고 나서 / 들어간 지) 음악에 취미를 갖게 됐어요.
娘は大学に入ってから、音楽に趣味を持つようになりました。

❷ 음악을 (공부하고 나서 / 공부한 지) 10년쯤 됩니다.
音楽を勉強してから10年くらいになります。

❸ 원래 미술을 (하다가 / 하지만) 음악을 하게 됐어요.
元々美術をしていたが、音楽をするようになりました。

❹ 둘째는 유학을 (가다가 / 갔다가) 2월에 돌아왔어요.
次女は留学に行っていたが、2月に帰って来ました。

❺ 딸한테서 빵을 (사다 / 샀다) 달라고 전화가 왔어요.
娘からパンを買ってきてくれと電話がありました。

▶ 50〜54の答え

① (들어가고 나서 / 들어간 지)
② (공부하고 나서 / 공부한 지)
③ (하다가 / 하지만)
④ (가다가 / 갔다가)
⑤ (사다 / 샀다)

願望の表現

ここでは「～してみたい」「～(する)ことができればと思う、～してほしいと思う」「～(する)ことを願う/祈る」などの願望の表現について学びます。

また、「ほしい」を表す韓国語の表現についても見てみます。

-아/어 보고 싶다

～してみたい

行ってみたいです

基本形	例
陽母音（ㅏ, ㅑ, ㅗ）語幹 + 아 보고 싶다	가 보고 싶다　行ってみたい
陰母音（ㅏ, ㅑ, ㅗ 以外）語幹 + 어 보고 싶다	먹어 보고 싶다　食べてみたい
하다用言 → 해 보고 싶다	해 보고 싶다　やってみたい

- −아/어 보고 싶다は、試行の−아/어 보[다]に−고 싶다がついた表現で、「～してみたい」という話し手の願望を表すときに使います。싶다は形容詞なので、連体形や한다体などに注意が必要です。

  例 한번 프랑스에 가 보고 싶다．一度フランスに行ってみたい

  프랑스에 가 보고 싶은 사람　フランスに行ってみたい人

- 第3者の願望を表す「～してみたがる、～したがる」は、−아/어 보고 싶어하다で表現します。なお、싶어하다は形容詞ではなく、動詞です。

  例 엄마가 한국에 가 보고 싶어한다．母が韓国に行ってみたがっている

  한국에 가 보고 싶어하는 엄마　韓国に行きたがっている母

もう一度確認！

話し手（1人称）の希望を表す−고 싶다と、3人称の希望を表す−고 싶어하다を思い出してください（⇒86頁）。

例）내가 먹고 싶다．私が食べたい

형이 먹고 싶어한다．兄が食べたがっている

55-1 (　　　　　)にふさわしい単語を選び、-아/어 보고 싶어요を用いて文を完成させましょう。(これからやってみたいことです)

만나다	배우다	하다	키우다	부르다

① 발레를 꼭 (배워 보고 싶어요.)
バレエをぜひ習ってみたいです

② 배를 타고 세계여행을 (　　　　　　　　　　　　　)
船に乗って世界旅行をしてみたいです

③ 연예인을 (　　　　　　　　　　　　　)
芸能人に会ってみたいです

④ 귀여운 강아지를 (　　　　　　　　　　　　　)
かわいい子犬を育ててみたいです

⑤ 한국어로 노래를 (　　　　　　　　　　　　　)
韓国語で歌を歌ってみたいです

55-2 싶다もしくは싶어하다を用いて、日本語訳に合うように文を完成させましょう。

① 부산에 가 보고 (싶은) 분은 연락 주세요.
プサンに行ってみたい方はご連絡ください

② 한국에 가 보고 (　　　　　) 친구랑 부산에 가려고요.
韓国に行ってみたがっている友人といっしょにプサンに行こうと思います

③ 친구들이 당신을 만나고 (　　　　　　　　)
友達があなたに会いたがっています

④ 나는 당신의 친구들을 만나고 (　　　　　　　　)
私はあなたの友達に会いたくありません

⑤ 한국어로 편지를 써 보고 (　　　　　　　　)
韓国語で手紙を書いてみたいです

なるほど… 싶다は形容詞、
싶어하다は動詞なんだ。

56 -았/었으면 하다

～(する)ことができればと思う、～してほしいと思う

ちょっと
お会いできたらと
思います

좀 만났으면 합니다.

만나면はダメ

基本形	例
陽母音語幹 + 았으면 하다	만났으면 한다　お会いできればと思う
陰母音語幹 + 었으면 하다	끊었으면 합니다　(酒を) やめてほしいと思います
하다用言 → 했으면 하다	말했으면 해　言ってほしいと思う

- -았/었으면 하다は、「～(する)ことができればと思う」「～してほしいと思う」という話し手の希望や願いだけではなく、さりげなく自分の意見を伝えたいときにもよく使われます。-(으)면 하다は間違いです。

  例 한번 만났으면 (×만나면) 합니다.　一度お会いできればと思います

- -았/었으면 하다の하다は좋겠다に言い換えることができます。좋겠다には「～したらいいなぁ」「～したらいいのに」というニュアンスがあり、実現可能性にかかわらず、話し手の現在の希望や願望などを伝える場合に使います。

- -았/었으면 좋겠다は-(으)면 좋겠다とも言えますが、-았/었으면のほうがさらに“切実に”願うというニュアンスがあります(⇒186頁)。

  例 꼭 왔으면(=오면) 좋겠어.　ぜひ来てほしい

-아/어 주었으면 하다は婉曲に依頼するときに使います。
例）연락해 주셨으면 합니다.　ご連絡いただければ幸いです

56-1 (　　　　) にふさわしい単語を選び、-았/었으면 합니다を用いて文を完成させましょう。(お願いや希望を言っています)

도와주다	끊다	뵈다	써 주다	주시다

① 다음 달에 한번 (뵈었으면 합니다.)
来月に一度お目にかかることができたらと思います

② 시간이 되실 때 연락을 (　　　　　　　　　　　　)
お時間のある時ご連絡をいただければ幸いです

③ 새로 온 직원에게 신경을 좀 (　　　　　　　　　　　　)
新しく入ってきた職員に気を配っていただければ幸いです

④ 쉬는 날에 제 일을 좀 (　　　　　　　　　　　　)
休みの日に私の仕事を少し手伝ってほしいです

⑤ 담배는 (　　　　　　　　　　　　)
タバコはやめてほしいです

56-2 -았/었으면 좋겠어 (～したらいいのに) を用いて、対話文を完成させましょう。

① A : 오늘은 좀 일찍 (끝나다 → 끝났으면 좋겠어.)
B : 무슨 일 있어?

② A : 비라도 좀 (오다 →　　　　　　　　　　)
B : 그래, 정말 덥구나.

③ A : 한국어로 말할 수 (있다 →　　　　　　　　　　)
B : 나도. 우리 열심히 하자.

④ A : 다른 사람한테는 말하지 (않다 →　　　　　　　　　　)
B : 알았어. 비밀로 할게.

なるほど… 「～してほしくない」は
-지 않았으면 좋겠어で表現するんだ。

-기(를) 바라다

～(する)ことを願う/祈る

携帯の電源はお切りくださいますよう
お願いします

휴대폰의 전원은
꺼 주시기 바랍니다.

基本形	例
語幹＋기(를) 바라다	행복하기를 바란다　幸せを祈っている 잘 지내길 바랍니다　お元気でお過ごしください 읽기 바랍니다　読んでいただきたいです

- -기(를) 바라다は、「～することを願う/祈る」という話し手の気持ちを伝えるときに使います。-기를は를を省略したり、縮約した-길の形になったりします。年賀状の決まり文句などにもよく使われます。

  例 새해에도 행복하시기 바랍니다. 新年も幸せをお祈りしております

- -아/어 주시기 바라다は公共場所での案内文などでよく使われます。

  例 휴대폰의 전원은 꺼 주시기 바랍니다.
  携帯の電源はお切りくださいますようお願いします

- -기(를) 바라다の해요体は-기를 바라요ですが、話し言葉では-기를 바래요がよく使われます。

Plus+ ONE

禁止の「～しないようにお願いいたします」「～しないでいただきたい」は-지 말아 주시기 바랍니다が使われます。

例) 쓰레기는 버리지 말아 주시기 바랍니다.
ごみは捨てないようにお願いいたします

57-1 (　　　　) にふさわしい単語を選び、-(으)시기 바랍니다を用いて文を完成させましょう。(年賀状に書く文面を考えています)

받다	건강하다	보내다	지내다	되다

① 언제나 (건강하시기 바랍니다.)
いつもお元気でいらっしゃることをお祈りしております

② 새해에도 복 많이 (　　　　　　　　)
新年も福をたくさんもらわれることをお祈りしております

③ 행복한 시간을 (　　　　　　　　)
幸せな時間を過ごされることをお祈りしています

④ 성공하는 한 해가 (　　　　　　　　)
成功する一年になられることをお祈りしています

⑤ 건강하게 (　　　　　　　　)
お元気でお過ごしください

57-2 A「(ぜひ)～(する) ことを願っている (-길 바래)」、B「わたしも～できたらいいなと思っている (-았/었으면 좋겠어)」というやり取りを完成させましょう。

① 꿈이 이루어지다　夢が叶える

A : 꼭 (꿈이 이루어지길 바래.　　)

B : 나도 (꿈이 이루어졌으면 좋겠어.)

② 행복하게 살다　幸せに暮らす

A : 꼭 (　　　　　　　　)

B : 나도 (　　　　　　　　)

③ 시험에 합격하다　試験に合格する

A : 꼭 (　　　　　　　　)

B : 나도 (　　　　　　　　)

④ 일자리를 찾다　仕事を見つける

A : 꼭 (　　　　　　　　)

B : 나도 (　　　　　　　　)

なるほど…
-기 바래요
って、「お祈りしています」か。

お悩み解決コーナー 19

「欲しい」のいろいろ 韓国語でどう言う？

韓国語には「欲しい」に当たる形容詞はありません。-고 싶다は「～したい」であり、「欲しい」にぴったり相当するわけではありません。「(物が) 欲しい」と言う場合は、가지고 싶다 (持ちたい) や사고 싶다 (買いたい) と表現します。また、「～してほしい」という場合は、-았/었으면 좋겠다という慣用表現を用います。

게임기를 가지고/사고 싶어.

ゲーム機が欲しい

가지고 싶다は갖고 싶다の形でもよく使われます。

내일 맑았으면 좋겠다.

明日は晴れて欲しいな

誰かに「～してほしい」と要求するときには、-아/어 주었으면 좋겠다と表現します。

다시 써 줬으면 좋겠어.

書き直して欲しい

「〜してほしい」の丁寧な言い回し「〜してもらいたい」や「〜していただきたい」も、－아/어 주었으면/주셨으면 좋겠다で表現します。

도와줬으면 좋겠는데요.

手伝ってもらいたいんですけど

「〜してほしい」のさらに丁寧な言い回し「〜していただければと思います」や「〜していただければありがたいです」は、－아/어 주셨으면 좋겠다/합니다や－아/어 주셨으면 좋겠습니다/고맙겠습니다と表現します。

가르쳐 주셨으면 고맙겠습니다.

教えていただければ
ありがたいです

55~57の復習　5分間の力だめし！

❖日本語訳に合うように、正しいものを選んでください。
両方とも正しい場合もあります。

❶ 아버지가 홋카이도에 가 보고 (싶으세요 / 싶어하세요).
父が北海道に行きたがっておられます。

❷ 저는 프랑스에서 한번 살아 보고 (싶어요 / 싶어해요).
私はフランスで一度暮らしてみたいです。

❸ 다음 주에 한번 (뵈면 / 뵈었으면) 합니다.
来週一度お会いできたらと思っております。

❹ 크리스마스에 눈이 (내리면 / 내렸으면) 좋겠어요.
クリスマスに雪が降ったらいいなぁ。

❺ 내년에도 많은 발전이 있기를 (바랍니다 / 생각합니다).
来年もますますのご発展をお祈りしております。

▶ 55～57の答え

① (싶으세요 / **싶어하세요**)
② (**싶어요** / 싶어해요)
③ (뵈면 / **뵈었으면**)
④ (**내리면** / **내렸으면**)
⑤ (**바랍니다** / 생각합니다)

接続形〈3〉

同時・前後関係

ここでは「～しながら」「～しつつ」「～したらすぐ」「～(する)と(すぐ)」などの時間関係を表すいくつかの接続語尾について学びます。

また、「～すると」を表す –(으)니と –자の使い分けについても見てみます。

58 −(으)면서

~しながら、~と同時に、~のに

들으면서　聞きながら

싸면서　安いと同時に

알면서　知っているくせに

基本形	例
母音語幹 + 면서	보면서　見ながら
子音語幹 + 으면서	좋으면서　いいのに
ㄹ語幹　+ 면서	알면서　知っていながら / 知っているくせに

- −(으)면서は、日本語の「ながら」より意味が広く、すべての用言に接続します。まず、動詞+(으)면서で「~しながら」「~しつつ」という二つの動作を同時に並行することを表します。

  例 음악을 들으면서 공부해요.　音楽を聴きながら勉強をします

- また、形容詞+(으)면서で、「~と同時に(さらに)」という二つ以上の状態を表します。

  例 맛있고 싸면서 분위기도 좋아요.　おいしくて安くて雰囲気もいいです

- 指定詞이[다]+면서で、「~でありながら(同時に)」という二つの属性を表すこともできます。

  例 교수이면서 작가이기도 합니다.　教授でありながら作家でもあります

- 「~しながら(その一方で)」「~のに」「~くせに」「~にも関わらず」という対比的な事柄を並べる場合もあります(逆接)。この場合は話し手の不満や非難などのニュアンスが含まれ、しばしば −(으)면서のあとに助詞도がつきます。

  例 그는 알면서도 말하지 않는다.　彼は知っていながらも言わない

58-1 次の文を「〜しながら〜します (-[으]면서 -해요)」という同時動作の文に直してみましょう。

① 공부할 때는 음악을 들어요. 勉強するときは音楽を聴きます

→ 음악을 들으면서 공부해요.

② 식사할 때는 텔레비전을 봐요. 食事するときはテレビを見ます

→

③ 피아노를 칠 때는 노래도 불러요. ピアノを弾くときは歌も歌います

→

58-2 「〜くて〜と同時に〜だ」という3つの事柄を並べる文を作りましょう。

① 맛있다 / 싸다 / 분위기 좋다 / 가게

→ 맛있고 싸면서 분위기 좋은 가게.

② 예쁘다 / 편하다 / 굽이 높다 / 구두

→

③ 달다 / 부드럽다 / 작다 / 케이크

→

58-3 逆接の例です。(　　　) にふさわしい単語を選び、-(으)면서を用いて文を完成させましょう。

모르다	없다	놀다	마시다

① 저 가게는 맛도 (없으면서) 값만 비싸요.
あの店はおいしくもないのに、値段だけ高いです

② 잘 (　　　　　　) 아는 체를 하지 마세요.
よくわからないのに、知っているふりをしないでください

③ 형은 술을 (　　　　　　) 나한테는 먹지 말래요.
兄はお酒を飲んでいるにも関わらず、私には飲むなと言っています

④ 누나는 (　　　　　　) 나한테는 공부하래요.
姉は遊んでいるくせに、私には勉強しなさいと言っています

−(으)며

〜しつつ、〜して

音楽を聞きつつ
勉強した

基本形	例
母音語幹 + 며	보며　見つつ
子音語幹 + 으며	좋으며　よくて
ㄹ語幹　+ 며	흔들며　(手を)振りながら

- −(으)며は主に書き言葉で使われ、「〜しつつ」の同時動作を表す場合は、−(으)면서に置き換えられます。

  例 음악을 들으며(=들으면서) 공부했다. 音楽を聴きつつ勉強した

- 単純な並列を表す場合は、話し言葉では−고に置き換えられます。

  例 무엇이 좋으며(=좋고) 무엇이 나쁜가? 何がよくて何が悪いのか

- 3つの事柄を並べるときに、−고 −고 −하다の形より、−고 −며 −하다の形がよく使われます。

  例 일하고 공부하며 바쁘게 지냈다. 働いて勉強して忙しく過ごした
  맛있고 싸며 분위기 좋은 집. おいしくて安くて雰囲気のいい店

Plus+ ONE

한다며(〜すると言いながら、〜すると言って)は、한다고 하며から−고 하−が縮約された形です。

例) 공부한다며 자기 방으로 들어갔다.
勉強すると言って自分の部屋に入っていった

59-1 次の文を日本語に訳してみましょう。(小説の一部です)

그는 길을 **걸으며** 생각하고 또 생각했다. 무엇이 **좋으며** 무엇이 나쁜가? 알 수 없었다. 몇 년간 공부하고 **일하며** 정신없이 살아왔다. 뒤를 돌아보지 않고 앞만 **보며** 달려왔다. 그런데 왜? 정말 알 수 없는 일이었다. 그렇게 봄이 속절없이 지나갔다.

☞ 정신없이 無我夢中で　돌아보다 ふり返る　속절없이 はかなく、やるせなく

59-2 (　　) にふさわしい単語を選び、-(으)며を用いて文を完成させましょう。

흔들다　싸다　살다　공부하다　키우다

① 결혼한 뒤 오사카에 (살며) 소설을 썼다.
結婚した後大阪で暮らしつつ小説を書いた

② 가끔 맛있고 (　　　) 분위기 좋은 집에서 술을 마셨다.
たまにおいしくて安くて雰囲気のいい店でお酒を飲んだ

③ 낮에는 일하고 밤에는 (　　　) 바쁘게 살았다.
昼は働いて夜は勉強して忙しく過ごした

④ 친구는 손을 (　　　) 떠나갔다.
友人は手を振りながら去っていった

⑤ 아이를 (　　　) 변호사 자격을 땄다.
子どもを育てながら弁護士の資格を取った

–자마자

～したらすぐ、～(する)やいなや

着いたらすぐに電話してね

基本形	例
動 語幹 + 자마자	끝나자마자 終わってすぐ 눕자마자 横になるやいなや 결혼하자마자 結婚してすぐ

- –자마자は、「～したらすぐ」「～(する)やいなや」という時間的に連続する動作や事件が「ほぼ同時に」に続く場合に用います。

  例 그는 눕자마자 잠이 들었다. 彼は横になるやいなや寝入ってしまった

- –자마자文の後には勧誘や命令、未来形などが続くことができます。

  例 끝나자마자 가요 / 가세요 / 갈게요.
  終わったらすぐ行きましょう / 行ってください / 行きますからね

–아/어 봤자は、「～してみたところで」という意味の表現です。

例) 지금 사무실에 가 봤자 아무도 없을 거야.
いま事務室に行ってみたところで誰もいないよ

60-1 (　　　)にふさわしい単語を選び、-자마자を用いて文を完成させましょう。

결혼하다	듣다	졸업하다	낳다	끝나다

① 동생은 대학을 (졸업하자마자) 결혼했다.
弟は大学を卒業するやいなや、結婚した

② 형은 (　　　　　　　　) 집을 샀다.
兄は結婚してすぐ家を買った

③ 친구는 아이를 (　　　　　　　　) 시골로 이사했다.
友人は子供を産んですぐ田舎に引っ越しした

④ 부장님은 프로젝트가 (　　　　　　　　) 회사를 그만두었다.
部長はプロジェクトが終わるやいなや、会社を辞めた

⑤ 나는 그 소식을 (　　　　　　　　) 부장님께 전화를 했다.
私はその知らせを聞いてすぐ部長に電話を入れた

60-2 Aの質問に、B「～したらすぐ～してください（-자마자　-(으)세요）と答えましょう。

① A：언제 나가면 좋을까요?
B：일을 마치자마자 나오세요. (일을 마치다)

② A：언니한테는 언제 말하면 좋을까요?
B：＿＿＿＿＿＿＿＿＿＿＿＿ (집에 들어오다)

③ A：돈은 언제 갚으면 될까요?
B：＿＿＿＿＿＿＿＿＿＿＿＿ (월급 [給料] 을 받다)

④ A：빨래는 언제 하면 될까요?
B：＿＿＿＿＿＿＿＿＿＿＿＿ (아침에 일어나다)

⑤ A：택시를 타고 갈까요?
B：네. ＿＿＿＿＿＿＿＿＿＿＿＿ (역을 나가다)

61 ー자

～(する)と(すぐ)、～(する)や

駅を出ると雨が降り始めた

基本形	例
語幹 + 자	일어나자　起きるや 눕자　横になるとすぐ

- 「～すると(すぐ)」「～するや」という意味の ー자は、主に書き言葉で使われます。動作や状態の説明、描写などに用います。主に3人称のことについて用います。

  例 그는 눕자 잠이 들었다. 彼は横になると眠ってしまった

  ×나는 눕자 잠이 들었다.

- 時間的な前後関係を表すだけで、ー자마자のように「ほぼ同時に」というニュアンスはありません。ー자の後には勧誘や命令、未来形などが続くことはありません。

  例 ×끝나자 가요 / 가세요 / 갈게요.

- 指定詞이[다]+자は、二つの属性を同時に持つ場合に使います。この場合は이면서に置き換えることができます(⇒190頁)。

  例 교수이자(=이면서) 작가인 형 教授で作家の兄

61-1 次の文を日本語に訳してみましょう。(小説の一部です)

그날은 일어나자마자 산책을 나섰다. 그가 집을 **나서자** 빗방울이 떨어지기 시작했다. 코너를 돌아 편의점이 **보이자** 편의점에 들어가 우산을 하나 샀다. 그때 휴대폰이 울렸다. 그는 전화를 받자마자 바로 집으로 향했다. 이런 일이 전에도 있었던 것 같다.

빗방울 雨粒　–기 시작하다 ～し始める　코너 コーナー　향하다 向かう

61-2 (　　)にふさわしい単語を選び、–자を用いて文を完成させましょう。

지나다　오르다　생기다　바뀌다　보고하다

① 가격이 (오르자) 매출이 줄었다.
値段が上がると、売上が減った

② 문제가 (　　　　　) 모두 모른 체했다.
問題が起こると、みんな知らんぷりをした

③ 부장님께 (　　　　　) 같이 해결해 보자고 하셨다.
部長に報告すると、いっしょに解決してみようとおっしゃった

④ 몇 달 (　　　　　) 매출도 조금 올랐다.
数か月が過ぎると、売り上げも少し上がった

⑤ 사장님이 (　　　　　) 회사 분위기도 달라졌다.
社長が替わると、会社の雰囲気も変わった

お悩み解決コーナー 20

-(으)니 vs -자 どう使い分ける？

-(으)니も-자も「〜すると/したら（こうなった）」という文脈で用いられますが、-(으)니は一人称の主語が用いられ、行為の結果こういう状況に気づいたという「発見」を語るのに対し、-자は三人称の主語が多く、起こった出来事の客観的な描写に用いられます。

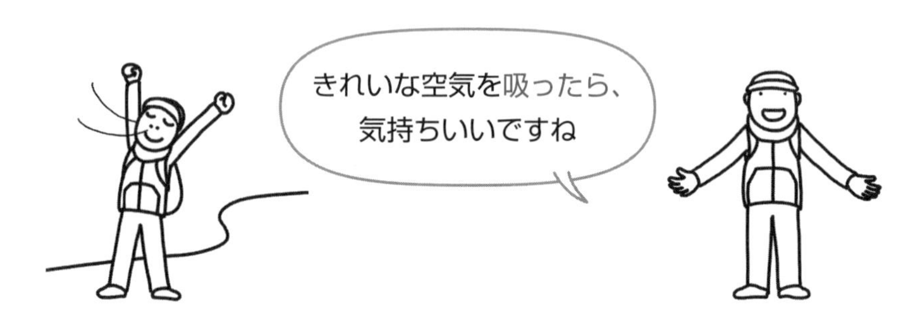

맑은 공기를 **마시니** 기분 좋네요.

맑은 공기를 **마시자** 다시 걷기 시작했다.

-(으)니に続く文には、上の「気持ちいい」のような感情・感覚の表現がよく来ます。それに対し、-자に続く文には次の行為を描写することが多いです。

집을 나오니 비가 오고 있었다.

집을 나오자 비가 오기 시작했다.

−(으)니に続く文には、その時の状況に「気づく」話が来るのに対し、−자に続く文ではその後の新たな「展開」が述べられています。

また、−(으)니に続く文には「動きのない状態」が来るのに対し、−자に続く文では「動きのある行為や変化」が来るとも言えます。

例）아침에 일어나니 8시였다.　朝起きると8時だった
　　아침에 일어나자 청소부터 했다.　朝起きるとまず掃除をした

5分間の力だめし！

❖日本語訳に合うように、正しいものを選んでください。
両方とも正しい場合もあります。

❶ 하늘은 높고 (맑으며 / 맑고) 구름 한 점 없었다.
空は高く晴れて雲一点なかった。

❷ 역까지 (걸어가면서 / 걸어가며) 전화로 이야기했다.
駅まで歩きながら電話で話した。

❸ 아기가 (깨자마자 / 깨자) 우유를 주세요.
赤ちゃんが目を覚ましたら、すぐにミルクをやってください。

❹ 가게 문이 (열리자 / 열리고) 사람들이 몰려왔다.
店のドアが開くと、人々が押し寄せた。

❺ 나는 전화를 (받자 / 받자마자) 바로 집을 나왔어요.
私は電話をもらってすぐ家を出ました。

▶58～61の答え

① (**맑으며** / 맑고)
② (**걸어가면서** / **걸어가며**)
③ (**깨자마자** / 깨자)
④ (**열리자** / 열리고)
⑤ (받자 / **받자마자**)

接続形〈4〉
条件・仮定の表現

62 –았/었더니

❖ –(으)니 vs –았/었더니

63 –아/어야

❖ –아/어야 どう使いこなす

64 –(ㄴ/는)다면

❖ –다면 さまざまな用法

65 –(으)려면

66 –자면

ここでは「(私が)～したら」「～して初めて」「(もし)～(する)なら」「～(する)には」などの条件や仮定の表現について学びます。また、「～したら(こうなった)」を表す –(으)니と –았/었더니の違いについても見てみます。

62 -았/었더니

(私が)～したら、～したところ

訊いてみたら、
教えてくれたの

基本形	例
陽母音（ㅏ, ㅑ, ㅗ）語幹 + 았더니	알아봤더니　調べてみたら
陰母音（ㅏ, ㅑ, ㅗ以外）語幹 + 었더니	불렀더니　歌ったら
하다用言 → 했더니	전화했더니　電話したら

- -았/었더니は、「(私が)～したら/したところ(～だったよ)」という話し手が過去の自分の行動をふり返ってその反応や結果などを伝えるときに使います。前節の主語は常に1人称です。

  例 내가 학교에 문의했더니 (학교에서) 바로 연락이 왔어.
  私が学校に問い合わせをしたら、(学校から)すぐ連絡が来たよ

- -고 물었더니(～と聞いたら)、-고 했더니(～と言ったら)の形がよく使われます。この場合は前節の主語は話し手(1人称)で、後節の反応や結果は3人称になります。

  例 내가 못 하겠다고 했더니 부장님이 화를 내셨다.
  私ができないと言ったら、部長が怒っておられた

-았/었더니の前節の主語は話し手(1人称)ですが、目撃したことを伝えるときには例外的に3人称になることがあります。

例）언니가 왜냐고 물었더니 오빠는 아무 말도 못했다.
姉がなぜなのかと聞いたら、兄は何も言えなかった

62-1 −았/었더니を用いて、一つの文にしましょう。

① 일을 관두겠다고 했다. 그랬더니 아내가 그러라고 했다.
→ 일을 관두겠다고 (했더니) 아내가 그러라고 했다.
仕事を辞めると言ったら、妻がそうしなさいと言った。

② 형한테 콘서트 티켓을 선물했다. 그랬더니 너무 좋아했다.
→ 형한테 콘서트 티켓을 (　　　　　　) 너무 좋아했다.
兄にコンサートのチケットをプレゼントしたら、とても喜ばれた（喜んだ）。

③ 내가 봉투를 열어 봤다. 그랬더니 돈이 들어 있었다.
→ 내가 봉투를 (　　　　　　) 돈이 들어 있었다.
私が封筒を開けてみたら、お金が入っていた。

④ 내가 배경을 조사해 봤다. 그랬더니 재미있는 사실이 나왔다.
→ 내가 배경을 (　　　　　　) 재미있는 사실이 나왔다.
私が背景を調査してみたら、面白い事実が出てきた。

(　　　) にふさわしい単語を選び、−았/었더니を用いて文を完成させましょう。（韓国を行ってきたことを、伝えています）

묻다	전화하다	하다	상의하다	부르다

① 내가 한국에 간다고 (했더니) 친구가 너무 좋아했어.
私が韓国に行くと言ったら、友達がとても喜んだよ

② 아빠한테 (　　　　　　) 조심해서 다녀오래.
パパに相談したら、気を付けて行って来いって

③ 한국 친구에게 (　　　　　　) 바로 나와 줬어.
韓国の友人に電話をしたら、すぐ出てきてくれたの

④ 한국말로 길을 (　　　　　　) 영어로 가르쳐 줬어.
韓国語で道を訊いたら、英語で教えてくれたのよ

⑤ 한국 노래를 (　　　　　　) 다들 깜짝 놀랐어.
韓国の歌を歌ったら、みんなびっくりしたよ

なるほど…−았/었더니の主語は、
常に「わたし」の一人称なんだ。

お悩み解決コーナー 21

-(으)니 vs -았/었더니 どう使い分ける?

-(으)니も-았더니も「～したら（こうなった）」という文脈で用いられ、どちらも前節にはふつう一人称の主語が用いられます。ただし、-(으)니と-었더니では後節の内容が少し異なります。-니の後には自分の感情・感覚や状況に気づくといった話が来るのに対し、-았더니は第三者の反応や状況を客観的に描写する話が来ます。

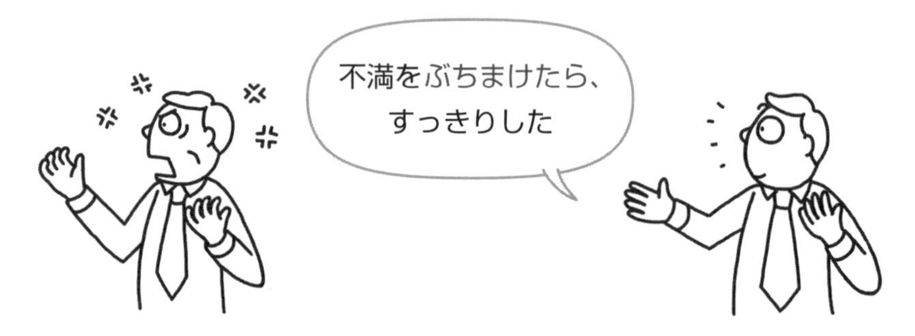

불만을 털어놓으니 속이 후련해졌다.

불만을 털어놓았더니 개선을 약속해 주었다.

털어놓으니に続く文が、「すっきりした」という自分の心の状態を表わしているのに対し、털어놓았더니の後は「約束してくれた」という第三者の行為が描かれています。

술을 끊으니 몸이 가벼워졌다.

술을 끊었더니 돈이 많이 모였다.

끊으니に続く文が、「体が軽くなった」という自分の感覚を描いているのに対し、끊었더니の後は「お金がたまった」という客観的な事実を述べています。

−았더니は、前に習った−자と意味·用法がよく似ていますが、−았더니が前節に必ず1人称を用いるのに対し、−자は3人称が多いです。また、−았더니は書き言葉と話し言葉のどちらにも使われるのに対して、−자は書き言葉でのみ用いられます。

63 -아/어야

~してこそ、~して初めて、しなければ(~ない)

見てこそわかるんだよ

봐야 알지.

백문이 불여일견
「百聞は一見に如かず」だよ

「見ないとわからない」
とも言えるよ

基本形	例
陽母音語幹 + 아야	봐야 알지　見ないとわからないよ
陰母音語幹 + 어야	겪어야 안다　経験しないとわからない
하다用言 → 해야	말해야 알아?　言わないとわからないの?

- 初級で学んだ義務の表現 -아/어야 하다/되다の -아/어야は、「~して初めて」「~してこそ」「~しないと(~ない)」という後節の必要条件を提示するときに使います。-아/어야のあとに만がついた形もあります。
- 一般的な条件-(으)면に比べ、「必ず~しないと(~ない)」というニュアンスがあります。
- 指定詞には-어야のほか、-라야の形も使われます。

例 사장님이어야(=이라야) 됩니다.　社長でなければなりません

Plus+ ONE　話し手(1人称)の強い意志や判断を表すときに使われる、-아/어야겠다(~しなくちゃいけないな)や아/어야지(요)(~しなくちゃいけないな/よ)も合わせて覚えておきましょう。-아/어야겠다は、書き言葉では -아/어야 하겠다を使います。

例) 연습해야 하겠다　→　연습해야겠다
練習しなければならない　→　練習しなくちゃ

63-1 (　　　) にふさわしい単語を選び、−아/어야を用いて文を完成させましょう。(仕事の条件について話をしています)

지나다　　일어나다　　있다　　이다　　놀다

① 고등학교를 졸업한 사람(이어야) 합니다.
高校を卒業した人でなければなりません

② 3개월이 (　　　　　　) 정사원이 됩니다.
3か月が過ぎて初めて、正社員になれます

③ 자격증을 가지고 (　　　　　　) 일할 수 있습니다.
ライセンスを持っていないと、働けません

④ 6시에 (　　　　　　)만 아침밥을 먹을 수 있습니다.
6時に起きないと、朝ごはんが食べられません

⑤ 일주일에 두 번은 (　　　　　　)만 젊은 사람이 옵니다.
週2回は休まないと、若い人が来ません

なるほど… −아/어야のあとに만が
ついても意味は変わらないんだ。
強調なんだね。

63-2 A−아/어야죠 (〜しないといけませんね)、B−아/어야 (〜しなければ) を用いて、対話文を完成させましょう。

① 사장님이 나서다　社長が乗り出す

A : (사장님이 나서야죠.)
B : 맞아요. (사장님이 나서야) 해결됩니다.

② 돈을 벌다　お金を稼ぐ

A : (　　　　　　　　　　)
B : 맞아요. (　　　　　　　　　　) 먹고살지요.

③ 자식을 키워 보다　子どもを育ててみる

A : (　　　　　　　　　　)
B : 맞아요. (　　　　　　　　　　) 부모 마음을 알죠.

お悩み解決コーナー 22

-아/어야 どう使いこなす？

-아/어야を韓日辞書で見ると、「～してこそ」「～してはじめて」というような日本語訳がついていますが、-아/어야は日本語の「～してこそ」のような固い言い回しというわけではなく、くだけた会話でもよく用いられます。日本語の「～しなければ～ない」という二重否定の表現が、一番近いニュアンスでしょう。

-아/어야の入った文を訳すコツは…

やってみろよ。
そうしたらわかるって

해 봐야 알지.

やってみてこそわかるよ

↓

やってみる＋わかる

↓ 前後を否定に変換！

やってみない＋わからない

↓ 「～と」や「～ば」で接続

やってみないとわからないよ

-아/어야に続く文が否定文の時は…

確認しろよ。
そうしたらミスしないから

확인해야 실수 안 해.

確認してこそミスしないよ

確認する＋ミスしない

↓ 前後の肯定否定を逆に！

確認しない＋ミスする

↓ 「～と」や「～ば」で接続

確認しないとミスするよ

では、今度は日本語の二重否定の文を、-아야/어야を使って翻訳してみましょう。

砂糖を入れないとおいしくないよ

설탕을 넣지 않으면 맛없어.

⬇

砂糖を入れない+おいしくない

⬇ 前後を肯定に変換!

砂糖を入れる+おいしい

⬇ -아야/어야で接続

설탕을 넣어야 맛있어.

正直に言わないと誤解されるよ

솔직히 말하지 않으면 오해 받아.

⬇

正直に言わない+誤解される

⬇ 前後の肯定否定を逆に!

正直に言う+誤解されない

⬇ -아야/어야で接続

솔직히 말해야 오해 안 받아.

64 -(ㄴ/는)다면

(もし)～(する)なら　～だというなら

あなたが行くなら私も行くよ

基本形	例
動 語幹＋ㄴ/는다면 ㄹ語幹（ㄹが消える）＋ㄴ다면	간다면　行くというなら 안다면　知っているなら
形 存 語幹＋다면	멀다면　遠いなら　없다면　ないなら
指 語幹＋라면	나라면　私なら

- -(ㄴ/는)다면は、-(ㄴ/는)다고 하면から-고 하-が縮約された形で、「(もし)～(する)なら」「～だというなら」という仮定を表すときに使います。指定詞以外は「한다体叙述形＋면」の形です。
- 現実には不可能だったことを想像の中で仮定したり、話し言葉で相手の言葉を受けて、「～だというなら」という場合によく使われます。

  例 갈 수 있다면 가고 싶었어.　行けるなら、行きたかった

  네가 간다면 나도 간다.　あなたが行く(という)なら、私も行くよ
- 「～したなら」「～していたなら」は品詞を問わず、-았/었다면です。

  例 돈이 있었다면 나도 갔지.　お金があったなら、私も行ったよ
- 指定詞の이다(～である)、아니다(～でない)には-라면がつきます。母音体言のあとでは指定詞の語幹-이が縮約されます。

  例 나라면 어떻게 했을까?　私ならどうしたのだろう

64-1 (　　　)にふさわしい単語を選び、-(ㄴ/는)다면を用いて文を完成させましょう。(昔のことをふり返って話をしています)

있다	돌아가다	가까웠다	원하다	들어갔다

① 그 고등학교에 갈 수 (있다면) 가고 싶었어.
その高校に行けるなら、行きたかった

② 집에서 (　　　　　) 갈 수 있었을 거야.
家から近かったなら、行けただろう

③ 아빠는 내가 (　　　　　) 생각해 보겠다고 하셨어.
パパは、私が望んでいるなら、考えてみるとおっしゃったの

④ 그 학교에 (　　　　　) 지금쯤 어떻게 됐을까?
その学校に入っていたなら、今頃どうなっていただろうか

⑤ 그때로 (　　　　　) 나는 똑같은 선택을 할까?
あの時に戻ったなら、私は同じ選択をするだろうか

なるほど… 一般的な仮定-(으)면との
違いは、「不可能なこと」にあるんだ。

64-2 -(ㄴ/는)다면もしくは-(이)라면を用いて、対話文を完成させましょう。

① A：진짜로 이건 사실이에요.
B：그게 사실(이라면) 큰일이네.

② A：엄마는 여행을 안 가신대요.
B：엄마가 안 (　　　　　) 나도 안 갈 거야.

③ A：목요일이 바쁘시면 금요일은 어떠세요?
B：금요일(　　　　　) 괜찮습니다.

④ A：나는 전화 안 했는데?
B：오빠가 전화를 안 (　　　　　) 누가 했지?

お悩み解決コーナー 23

-다면 さまざまな用法

–다면は日本語の「～なら」に当たる表現ですが、大きく分けると二つの用法があります。一つは、相手の言ったことや行動を踏まえ「それなら～」と表現する使い方です。

네가 갔다면 나도 가 볼게.

君が行ったのなら
僕も行ってみるよ

相手の「行った」という言葉を踏まえての「行ったのなら」は、–다면を用いて表現します。

–다면のもう一つの用法は、–(으)면が表わす仮定よりも実現の可能性が低そうな時に用いられる表現です。–았/었다면は、さらに実現可能性が無く不可能なことを仮定する場合に用いられます。

살 수 있으면 물론 사고 싶어.

買えるならもちろん買いたい

実現の可能性が高い場合は、–(으)면を用います。

살 수 있다면
물론 사고 싶은데.

買えるのなら
もちろん買いたいんだけど

−다면は−(으)면より可能性が低い場合に使います。

살 수 있었다면
물론 샀을 거야.

買えるのなら、
もちろん買ってたさ

実現の可能性が無い場合は、−았/었다면を使います。

名詞＋이면「〜だったら」と名詞＋이라면「〜なら」は、大きな意味の違いはありません。

한국사람이면
(=이라면) 다 알 만한
인물이야.

韓国人だったら（なら）みんな
知っている人物だよ

−(으)려면

~(する)には、~したければ、~しようと思うなら

行きたければ
申し込んでください

基本形	例
母音語幹 + 려면	가려면　行きたければ
子音語幹 + 으려면	붙으려면　(試験に) 受かるには
ㄹ語幹 (ㄹはそのまま) + 려면	알려면　知りたければ

- −(으)려면は、−(으)려고 하면から−고 하−が縮約された形で、「~(する)には」「~したければ」「~しようと思うなら」という計画や意図、希望などを現実に移そうとするときに使います。

  例 평화를 지키려면 노력해야 한다　平和を守るには努力しなければならない

- −(으)려면の否定表現は、−(으)려지 않으면ではなく、−지 않으려면です。「~しようとしないなら」「~したくないなら」「~しないためには」などと訳されます。

  例 가지 않으려면(=안 가려면) 미리 말해.　行きたくなければ早目に言ってね

Plus+ ONE

−(으)려면と似た表現に−고 싶으면(~したければ)があります。−(으)려면は多くの場合−고 싶으면に置き換えられます。ただし、65-1のように後節に状態が続く場合は−(으)려면でなければなりません。

例) 온천여행을 가려면(=가고 싶으면) 말해요.
温泉旅行に行きたければ言ってください

例) 온천여행을 가려면(×가고 싶으면) 돈이 듭니다.
温泉旅行に行くにはお金がかかります

65-1 （　　　）にふさわしい単語を選び、-(으)려면を用いて文を完成させましょう。
（知り合いの人に助言をしています）

보이다	붙다	해결하다	않다	되다

① 젊게 (보이려면) 청바지가 최고예요.
若く見せるにはジーンズが一番です

② 문제를 (　　　　　　) 시간이 좀 걸려요.
問題を解決するにはちょっと時間がかかります

③ 시험에 (　　　　　　) 이 책이 좋아요.
試験に受かるにはこの本がいいです

④ 배우가 (　　　　　　) 소질이 필요합니다.
俳優になろうと思うなら、素質が必要です

⑤ 시간을 들이지 (　　　　　　) 돈이 들어요.
時間をかけまいとするならお金がかかります

なるほど…「～したくないなら」は
-지 않으려면で表現するんだ。

65-2 -(으)시려면を用いて、対話文を完成させましょう。

① A：지하철을 타려면 어디로 가야 돼요?
　B：지하철을 (타시려면) 이쪽으로 가세요.

② A：회원으로 가입하려면 어떻게 해야 합니까?
　B：회원에 (　　　　　　) 여기에 서명해 주시면 됩니다.

③ A：운전 면허를 따려면 시간이 얼마나 걸려요?
　B：면허를 (　　　　　　) 3개월 정도 걸립니다.

④ A：사장님을 만나려면 언제 가면 됩니까?
　B：사장님을 (　　　　　　) 오전 중에 오세요.

☞ 가입하다 加入する　서명 署名　면허를 따다 免許を取る

–자면

~しようというなら、~しようと思うなら

네가 가자면
나도 갈게.

君が行こうというなら、
僕も行くよ

基本形	例
動 語幹 + 자면	가자면　行こうというなら 만들자면　作ろうとすれば

- –자면は、–자고 하면から–고 하–が縮約された形（用法［1］）と、接続語尾の–자면（用法［2］）があります。「~しようというなら」「~しようと思うなら」という意味になります。用法［1］では前後の主語が異なる場合が多いです。

  例 선생님이 **가자면**(=가자고 하면) 저는 따라갈게요.
  先生が行こうというなら、私はついていきます

- 用法［2］の接続形の**–자면**は「（一般的に）~しようとすれば」と仮定し、そのために必要なことを言うときに使います。実際に実行に移そうとしている時のアドバイスには–(으)려면が用いられます。

  例 시골에서 **살자면** 차가 꼭 있어야 한다.
  田舎で住もうとすれば、車が絶対なければならない

  시골에서 **살려면** 운전면허를 따야 돼.
  田舎で住みたいなら運転免許を取らなくちゃ

- –자고 하시면（~しようとおっしゃるなら）の縮約形は–자시면です。

Plus+ ONE 다시 말하자면（再度申し上げると）、요약하자면（要約すると）などの慣用表現もあります。

66-1 –자시면(～しようとおっしゃるなら)を用いて、対話文を完成させましょう。

① A：이모가 이번에 여행 같이 가재.
B：이모님이 (가자시면) 저희도 가야죠.

② A：엄마가 주말에 외식하재.
B：어머님이 ( ) 우리는 좋지!

③ A：과장님이 언제 술 한잔 하재.
B：과장님이 술 한잔 ( ) 당연히 가야죠.

④ A：부장님이 회의 끝나고 따로 보자시네.
B：무슨 일이지? 부장님이 ( ) 무서운데.

외식하다 外食する　당연히 当然

66-2 最も適当な表現を選びましょう。

① 언니가 밥을 같이 (먹자면 / 먹으려면) 나도 먹을게.
姉さんがご飯をいっしょに食べようというなら、私も食べるよ

② 네가 통역사가 (되자면 / 되려면) 더 노력해야 돼.
お前が通訳士になるにはもっと努力しなければならない

③ 솔직히 말씀(드리자면 / 드리려면) 저도 잘 모릅니다.
率直に申し上げますと、わたくしもよくわかりません

④ 회의에 지각하지 (않자면 / 않으려면) 지금 나가야 돼.
会議に遅刻しないためには、いま出なければならないよ

⑤ 개발하지 (말자면 / 말려면) 하지 않겠습니다.
開発を止めようと言うなら、やりません

なるほど… –(으)려면と–자면は
似ているようで、使い方が違うんだ。

62〜66の復習 5分間の力だめし!

❖日本語訳に合うように、正しいものを選んでください。

❶ 내가 모르겠다고 (하니 / 했더니) 부장님이 화를 내셨다.
私がわからないと言ったら、部長が怒っておられた。

❷ 10시까지 (와야 / 오지 않으면) 부장님을 만날 수 있어요.
10時までに来ないと部長には会えません。

❸ 자식을 낳아 (봐야 / 보면) 부모의 마음을 알 수 있어요.
子どもを産んでみないと親の心はわかりません。

❹ 건강하게 (사시려면 / 사시자면) 운동을 하세요.
健康に暮らすには運動をしてください。

❺ 사장님이 같이 출장을 (가려면 / 가자면) 가야 합니다.
社長がいっしょに出張に行こうと言うなら、行かなければなりません。

▶ 62 〜 66 の答え

① (하니 / **했더니**)
② (**와야** / 오지 않으면)
③ (**봐야** / 보면)
④ (**사시려면** / 사시자면)
⑤ (가려면 / **가자면**)

慣用表現〈1〉
ほど・だけ・ばかり

ここでは「(すれば) ～するほど」「～に値する」「～するだけで(だ)」「～してばかりいる、～(する)だけだ」などの慣用表現について学びます。

また、助詞－만と－뿐との使い分けについても見てみます。

67 -ㄹ/을수록

(すれば)～(する)ほど

見れば見るほど美しいですね

볼수록 아름답군요.

基本形	例
母音語幹 + ㄹ수록	볼수록　見れば見るほど
子音語幹 + 을수록	먹을수록　食べれば食べるほど
ㄹ語幹 (ㄹは消える) + ㄹ수록	알수록　わかればわかるほど

- -ㄹ/을수록は、-(으)면　-ㄹ/을수록の-(으)면が省略された形で、「(すれば)～するほど」「(であれば) ～あるほど」という意味です。

例 그림은 그릴수록 어려워요. 絵は描けば描くほど難しいです

- -ㄹ/을수록の発音は [-ㄹ/을쑤록] です。-ㄹ/을と수록は離さずにくっつけて書きます。
- 갈수록は시간이　갈수록(時間が経つほど)の시간이が省略された形で、「ますます」という意味でよく使われます。

例 갈수록 재미있어졌다. ますます面白くなった

Plus+ ONE

「～するほど」にあたる表現には -ㄹ/을수록のほかに、-ㄹ/을　정도(로) があります。정도は、「程度」「ほど」「くらい」という意味で、-ㄹ/을　정도のあとには로や는などの助詞をつけることができます。

例) 입원할 정도로 많이 아팠다. 入院するほど具合が悪かった

67-1 与えられた語句を用いて、−ㄹ/을수록 −(ㄴ/는)대요（[すれば]〜するほど〜だそうです）という文を作りましょう。

① 생각하다 考える / 머리가 아프다 頭が痛い
→ 생각할수록 머리가 아프대요.

② 돈이 많다 お金が多い / 걱정도 많다 心配事も多い
→

③ 나이를 먹다 年を取る / 기억력이 떨어지다 記憶力が落ちる
→

④ 연습을 하다 練習をする / 발음이 좋아지다 発音がよくなる
→

⑤ 친한 친구이다 親しい友人である / 예의를 지키다 礼儀を守る
→

なるほど… −ㄹ/을수록はその前に
−(으)면が省略されているんだ。

67-2 最も適当な表現を選んでみましょう。

① 한국어는 (공부할수록 / 공부할 정도로) 재미있다.
韓国語は勉強すればするほど面白い

② 아직 (퇴원할수록 / 퇴원할 정도로) 좋지는 않다.
まだ退院するほどよくはない

③ 시간이 (지날수록 / 지날 정도로) 학생 시절이 그리워요.
時間が経つほど学生時代がなつかしいです

④ (입원할수록 / 입원할 정도)는 아닙니다.
入院するほどではありません

⑤ 먹으면 (먹을수록 / 먹을 정도로) 또 먹고 싶어요.
食べれば食べるほど、また食べたいです

68 -ㄹ/을 만하다

～(する)に値する

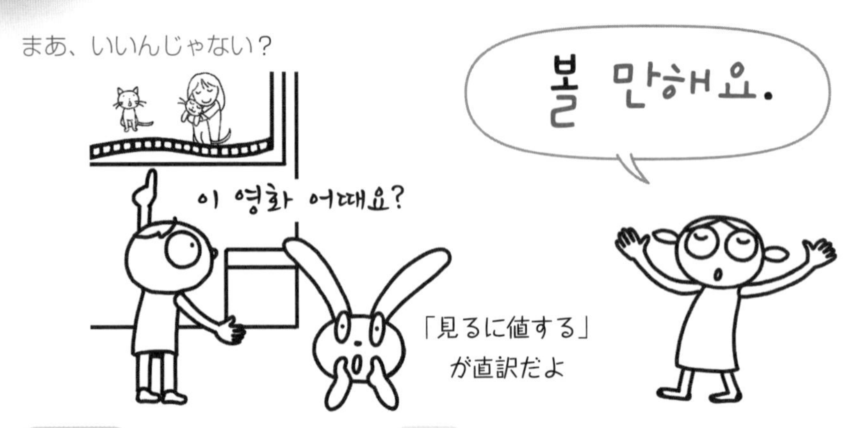

基本形	例
母音語幹 + ㄹ 만하다	볼 만하다 (まあまあ) いける
子音語幹 + 을 만하다	참을 만하다 (まあまあ) 我慢できる
ㄹ語幹 (ㄹは消える) + ㄹ 만하다	살 만하다 (まあまあ) 暮らせる

- -ㄹ/을 만하다は、「～(する)に値する」→「(まあまあ)～できる/いける」という価値や能力などがある程度に達していることを表します。評価や推薦などによく用いられます。-ㄹ/을 만하다は形容詞です。

  例 그 영화는 볼 만해요. その映画はおもしろいですよ (←見るに値します)
  믿을 만한 사람이야. (まあまあ) 信じられる人だよ
  cf. 믿을 수 있는 사람이야. (100%) 信じられる人だよ

- -아/어 볼 만하다(～してみる価値がある)の形もよく使われます。

  例 부산은 가 볼 만해요. プサンは行ってもいいんじゃない (←行ってみる価値はあるよ)

名詞につく만하다は、「くらいだ」「ほどだ」という大きさや程度などを表すときに使います。

例) 얼마만해요? どれくらい(の大きさ)ですか
　　이 사전만해요. この辞書くらいです

68-1 －ㄹ/을 만합니다を用いて、対話文を完成させましょう。

① A：그 영화는 볼 만한가요? 재미있어요?
B：예. (볼 만합니다.) 꼭 보세요.

② A：그 집 요리는 먹을 만한가요?
B：맛있어요. ( )

③ A：새로 산 전자레인지는 쓸 만한가요?
B：싼 건데 ( )

④ A：사우나는 뜨겁지 않아요? 견딜 만한가요?
B：네. ( )

⑤ A：힘들지 않아요? 여기서 일할 만한가요?
B：네, 괜찮아요. ( )

뜨겁다 熱い　견디다 耐える

68-2 ( ) にふさわしい単語を選び、－ㄹ/을 만한を用いて、文を完成させましょう。(周りに助言を求めています)

가 보다	관광하다	소개하다	다녀오다	살다

① 당일치기로 (다녀올 만한) 관광지로 어디가 좋을까?
日帰りで行って来られる観光地でどこがいいかしら

② 부산에서 ( ) 곳이 있으면 소개해 주세요.
プサンで観光できるところがあれば紹介してください

③ ( ) 데가 있으면 말씀해 주세요.
行ってみる価値のある場所があればおっしゃってください

④ 여동생한테 ( ) 사람이 없을까?
妹に紹介できる人はいないかしら

⑤ 혼자서 ( ) 방을 구하고 있어요.
独りで暮らせる部屋を探しています

-ㄹ/을 뿐(이다)

～(する)だけで(だ)

メールのやり取りをしているだけです

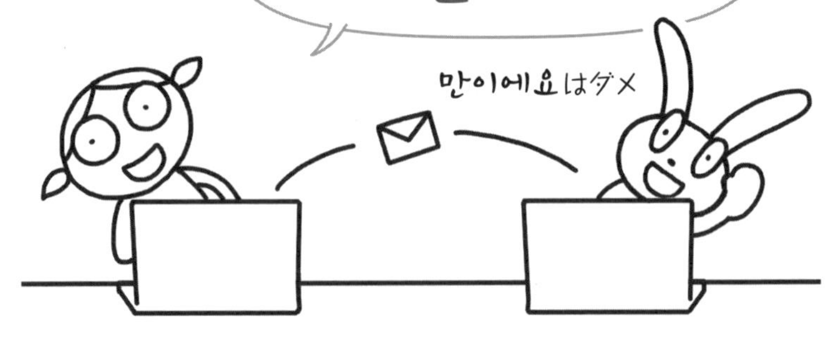

基本形	例
母音語幹 + ㄹ 뿐(이다)	들릴 뿐이었다　聞こえるだけだった
子音語幹 + 을 뿐(이다)	주고받을 뿐　やり取りをするだけで
ㄹ語幹（ㄹは消える）+ ㄹ 뿐(이다)	늘 뿐이다　増えるだけだ

- -ㄹ/을 뿐이다は、「～するだけだ」という限定を表すときに使います。
- -ㄹ/을 뿐이고の이고が省略された-ㄹ/을 뿐は、「～するだけで」という副詞的な用法です。日本語訳は「で」を補わないといけません。

  例 소리만 들릴 뿐, 모습은 보이지 않았다. 声が聞こえるだけで、姿は見えなかった

- -ㄹ/을 뿐(만) 아니라は、「～(する)だけではなく(さらに)」という意味です。

  例 이 집은 맛있을 뿐만 아니라 아주 싸.
  この店はおいしいだけではなく、とても安いよ

-뿐は、「だけ」「のみ」という限定を表す助詞で、名詞のあとにもつきます。뿐の後には이다、아니다が来ます。

例）저뿐 아니라 친구들도 다 왔어요.
私だけではなく、友達もみんな来ました

69-1 (　　　)にふさわしい単語を選び、-ㄹ/을 뿐を用いて、文を完成させましょう。(近況を報告しています)

주고받다　만났다　걷다　하다　읽다

① 한국 친구하고는 메일을 (주고받을 뿐)이에요.
韓国の友人とはメールのやり取りをするだけです

② 전에 한 번 (　　　　　)이에요.
以前一度会っただけです。

③ 매일 한국어 신문을 (　　　　　)이에요.
毎日韓国語の新聞を読むだけです

④ 집하고 회사를 왔다 갔다 (　　　　　)이에요.
家と会社を往復するだけです

⑤ 매일 30분 정도 (　　　　　), 다른 운동은 하지 않아요.
毎日30分ほど歩くだけで、ほかの運動はしていません

69-2 与えられた語句を用いて、-ㄹ/을 뿐 아니라 -았/었다 (〜するだけではなく〜だった) という文を作りましょう。

① 눈이 내리다 雪が降る / 몹시 춥다 非常に寒い
→ 눈이 내릴 뿐 아니라 몹시 추웠다.

② 비가 오다 雨が降る / 바람도 세다 風も強い
→

③ 성격이 좋다 性格がよい / 일도 잘하다 仕事もできる
→

④ 영어를 잘하다 英語が上手だ / 한국어도 잘하다 韓国語もできる
→

⑤ 값이 비싸다 値段が高い / 품질도 좋지 않다 品質もよくない
→

70

-기만 하다

動 ~してばかりいる　形 ~だけだ

遊んでばかりいました　놀기만 했어요.

基本形	例
語幹 + 기만 하다	웃기만 했다　笑ってばかりいた 춥기만 해요　寒いだけです 놀기만 했다　遊んでばかりいた

- -기만　하다は、名詞形の語尾-기(⇒88頁)と限定を表す만に、하다がついた表現です。動詞につけば「~してばかりいる」、形容詞につけば「~だけだ→非常に~だ」という意味になります。

  例 매일 놀기만 했다.　毎日遊んでばかりいた

  그날은 춥기만 했다.　その日はとても寒かった

- -기만　해 (봐)は、「~してみろ」という意味ですが、「~したらただではおかないぞ」という警告や脅迫のニュアンスがある反語的な表現です。

  例 먹기만 해 봐.　食べてみろ（食べたら大変なことになるぞ）

もう一度確認！

만は、「だけ」「ばかり」という限定を表す助詞です。뿐のあとに指定詞が続くのに対し、만のあとには動詞や形容詞などもOKです。

例）형제들 중에서 저만(×뿐) 작아요.

兄弟の中で私だけが背が低いです

70-1 Aの質問に、-기만 해요/했어요/하세요を用いて、返事を完成させましょう。

① A：할머니는 어떻게 지내세요?
B：매일같이 (놀러 다니다 → 놀러 다니기만 하세요.)

② A：막내 아들은 어떻게 지내요?
B：방학이라고 (자다 →)

③ A：휴일은 잘 지내셨어요?
B：저요? 하루종일 (놀다 →)

④ A：이 옷 어때요? 이상해요?
B：아뇨, 잘 어울려요. (예쁘다 →)

⑤ A：일은 잘 해결됐어요?
B：그게 잘 안 되네요. (답답하다 →)

☞ 이상하다 おかしい　어울리다 似合う　해결 解決　답답하다 もどかしい

70-2 (　　) にふさわしい単語を選び、-기만を用いて文を完成させましょう。(食卓でのやり取りです)

먹다	만들다	맵다	짜다	끓다

① 국이 (끓기만) 하면 먹을 수 있어요.
スープが煮えたら (←沸騰しさえすれば) 食べられます

② 이 김치는 ( ) 해요.
このキムチは塩辛いだけです。

③ 이 찌개는 ( ) 하고 맛이 없어요.
このチゲは辛いだけで、おいしくありません

④ 매일 ( ) 하고 운동을 안 하면 살쪄요.
毎日食べてばかりいて、運動をしないと太りますよ

⑤ 저는 ( ) 하고 맛도 못 봤어요.
私は作ってばかりいて、味見もできなかったです

お悩み解決コーナー 24

-만 vs -뿐 「だけ」の使い分け

만も뿐も「だけ」を意味する助詞ですが、文法的に使い分けがあります。「〜だけだ」「〜だけではない」のように指定詞이다/아니다の前で使う場合は、만ではなく뿐を用います。また、「〜するだけ」のような「用言+だけ」は、「未来連体形+뿐」を用います。

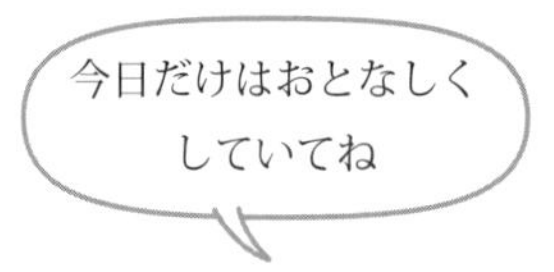

오늘만은 얌전히 있어야 돼.

今日だけはおとなしく
していてね

「名詞+だけ(+助詞)」の「だけ」は만を用います

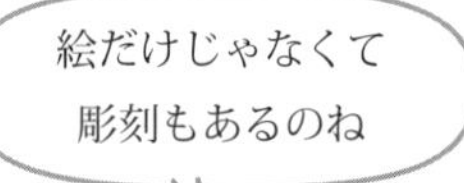

그림뿐(만) 아니라

絵だけじゃなくて

뿐は指定詞이다、아니다の前でのみ用いられます。만は省略することができます。

보고 있을 뿐이야.

見てるだけだよ

「用言+だけだ」は 뿐 を用います。뿐 の前の用言は未来連体形の形にします。

이만큼 귀한 것

これだけ貴重な物

「だけ」=「ほど」の意味の場合は、만큼「だけ、ほど、程度」を用います。

만지기만 했는데

触っただけなのに

「〜しただけで（こうなった）」という文脈においては、-기만 하다 の文型を用います。

67～70の復習 5分間の力だめし!

❖ 日本語訳に合うように、正しいものを選んでください。
両方とも正しい場合もあります。

❶ 5개월 된 손자가 보면 (볼수록 / 볼 정도로) 예뻐요.
5か月になった孫が、見れば見るほどかわいいです。

❷ 그분은 믿고 일을 맡길 (뿐인 / 만한) 분입니다.
その方は信用して仕事を任せられる方です。

❸ 커피만 마실 (뿐 / 만) 다른 차는 안 마셔요.
コーヒーばかり飲むだけで、ほかのお茶は飲みません。

❹ 야채 (뿐만 / 뿐) 아니라 고기도 드셔야 돼요.
野菜だけではなく、肉も召し上がらなければいけません。

❺ 여동생은 말은 안 하고 (울기뿐 / 울기만) 했어요.
妹は何も言わず、泣いてばかりいました。

▶ 67～70の答え

① (볼수록 / 볼 정도로)
② (뿐인 / 만한)
③ (뿐 / 만)
④ (뿐만 / 뿐)
⑤ (울기뿐 / 울기만)

慣用表現〈2〉

71 -ㄹ/을 뻔했다

72 -ㄹ/을 리(가) 없다

73 -ㄹ/을지(도) 모르다

74 -ㄹ/을 줄 알다

❖ -ㄹ/을 줄 알다 vs ㄹ/을 수 있다

75 連体形＋줄 알다

❖ -줄 알다 vs -고 생각하다

❖「思う」のいろいろ

ここでは「〜(する)ところだった」「〜(する)はずがない」「〜(する)かもしれない」「〜(する)ことができる」「〜だと思っていた」などの慣用表現について学びます。

また、-ㄹ/을 줄 알다と-ㄹ/을 수 있다との違いや-줄 알다と-고 생각하다との使い分け、「思う」を表す韓国語の表現についても見てみます。

-ㄹ/을 뻔했다

～(する)ところだった、～しそうになった

乗り遅れるところだった

基本形	例
母音語幹 + ㄹ 뻔했다	넘어질 뻔했다　転びそうになった
子音語幹 + 을 뻔했다	죽을 뻔했어　死ぬところだった
ㄹ語幹（ㄹは消える）+ ㄹ 뻔했다	열 뻔했어요　開けるところだった

- -ㄹ/을 뻔했다は、「～(する)ところだった」「～しそうになった」という実際は起こらなかったが、危うくその状態になりかけたことを表すときに使います。

  例 배고파서 죽을 뻔했어.　お腹がすいて、死ぬところだったよ

- 「～しそうになったことがある」は-ㄹ/을 뻔한 적이 있다です。

  例 비행기를 놓칠 뻔한 적이 있어요.
  飛行機に乗り遅れそうになったことがあります

뻔하다は「言わずと知れている」「見え見えだ」という意味の形容詞もあります。

例）안 봐도 뻔해.　見なくても見え見えだ

71-1 (　　　)にふさわしい単語を選び、-ㄹ/을 뻔했어요を用いて文を完成させましょう。(約束に遅れた状況を説明しています)

잊어버리다	타다	잃다	부딪히다	넘어지다

① 미안해요. 약속을 (잊어버릴 뻔했어요.)
すみません。約束を忘れてしまうところでした

② 오는 길에 자전거와 (　　　　　　　　　　)
来る途中で自転車とぶつかりそうになりました

③ 뛰어오다가 (　　　　　　　　　　)
走ってきて、転びそうになりました

④ 15분 지하철을 못 (　　　　　　　　　　)
15分の地下鉄に乗り遅れるところでした

⑤ 길이 복잡해서 길을 (　　　　　　　　　　)
道が複雑で道に迷いそうになりました　　▽길을 잃다で「道に迷う」

71-2 A「～しましたか? (-았/었어요?)」、B「～しそうになったのです (-ㄹ/을 뻔했다는 거죠)」というやり取りを完成させましょう。

① 사람을 밀다　人を押す

A：사람을 (밀었어요?)
B：아뇨. (밀 뻔했다는 거죠.)

② 접시를 깨뜨리다　お皿を落とす

A：접시를 (　　　　　　　　　　)
B：아뇨. (　　　　　　　　　　)

③ 사고를 당하다　事故にあう

A：사고를 (　　　　　　　　　　)
B：아뇨. (　　　　　　　　　　)

④ 선생님한테 혼나다　先生に叱られる

A：선생님한테 (　　　　　　　　　　)
B：아뇨. (　　　　　　　　　　)

なるほど…
-ㄹ/을 뻔하다
って、実際は
起こらなかった
ことに使うんだ。

72 -ㄹ/을 리(가) 없다

～(する)はずがない

食べるはずがないよ

먹을 리가 없어.

리が「はず」に
あたるわけだね

基本形	例
母音語幹 + ㄹ 리(가) 없다	탈 리가 없다 乗るはずがない
子音語幹 + 을 리(가) 없다	잊을 리가 없다 忘れるはずがない
ㄹ語幹（ㄹは消える）+ ㄹ 리(가) 없다	만들 리 없다 作るはずがない

- -ㄹ/을 리(가) 없다の리は「はず」「わけ」という意味で、「～(する)はずがない」「ありえない」という強い確信を表すときに使います。

  例 엄마가 허락해 줄 리가 없어. 母が許してくれるはずがない

- -ㄹ/을 리(가) 있겠어(요)?は「そんなことがある？＝そんなことないでしょ？」という反語として使われます。

  例 엄마가 허락해 줄 리가 있겠어? 母が許してくれるはずがないでしょ？

- 「～したはずがない」は、-았/었을 리가 없다です。

  例 오빠가 동창회에 나갔을 리가 없어. 兄が同窓会に出たはずがない

- 話し言葉では-ㄹ/을 리가……だけで「まさか」という意味を表すこともあります。

  例 A 영수가 대학에 떨어졌대. ヨンスが大学に落ちたって
  B 그럴 리가……. まさかそんな

72-1 (　　　)にふさわしい単語を選び、-ㄹ/을 리가 없어요を用いて文を完成させましょう。(「～するはずがない」と強く主張しています)

지키다　떨어지다　들어주다　잊었다　하다

① 부장님이 약속을 안 (지킬 리가 없어요.)
部長が約束を守らないはずがありません

② 그 선배가 나를 (　　　　　　　　　　)
その先輩が私のことを忘れたはずがありません

③ 그 후배가 거짓말을 (　　　　　　　　　　)
その後輩が嘘をつくはずがありません　▽거짓말을 하다で「嘘をつく」

④ 우리 아들이 시험에 (　　　　　　　　　　)
うちの息子が試験に落ちるはずがありません

⑤ 사장님이 내 말을 (　　　　　　　　　　)
社長が私の話を聞いてくれるはずがありません

72-2 A「～したかしら(-았/었나?)」、B「まさか～するはずがないでしょ?(설마 -았/었을 리가 있겠어?)」というやり取りを完成させましょう。

① 사전을 버리다　辞書を捨てる

A : 사전을 (버렸나?)
B : (설마 버렸을 리가 있겠어?)

② 둘이서 싸우다　二人で喧嘩する

A : 둘이서 (　　　　　　　　　　)
B : (　　　　　　　　　　)

③ 예약을 취소하다　予約を取り消す

A : 예약을 (　　　　　　　　　　)
B : (　　　　　　　　　　)

④ 돈이 모자라다　お金が足りない

A : 돈이 (　　　　　　　　　　)
B : (　　　　　　　　　　)

なるほど…
-ㄹ/을 리가
없다って、「まさか」
の感じだね。

73 -ㄹ/을지(도) 모르다

～(する)かもしれない

基本形	例
母音語幹 + ㄹ지(도) 모르다	할지도 몰라　するかもしれない
子音語幹 + 을지(도) 모르다	먹을지 몰라　食べるかもしれない
ㄹ語幹（ㄹは消える）+ ㄹ지(도) 모르다	길지도 모른다　長いかもしれない

- -ㄹ/을지（⇒40頁）＋도＋모르다の形で、「～(する)かもしれない」という確実ではないが起こりうる可能性があるときに使います。-ㄹ/을지(도) 모르다の도は省略することができます。

  例 짐이 도착할지 모르니까 빨리 가자.
  荷物が届くかもしれないから、急いで帰ろう

- 「～したかもしれない」は-았/었을지(도) 모르다です。

  例 짐이 도착했을지도 몰라.　荷物が届いたかもしれない

Plus+ ONE

-아/어야 할지(도) 모르다（～しなければならないかもしれない）、-아/어야 할지 모르겠다（～すべきか(どうか)わからない）という表現も覚えておきましょう。

例）가야 할지도 모른다.　行かなければならないかもしれない
　　가야 할지 모르겠다.　行くべきかどうかわからない

73-1 (　　　) にふさわしい単語を選び、–ㄹ/을지도 몰라요を用いて文を完成させましょう。(「~かもしれません」とほかの可能性について言っています)

이다	아니다	봤다	맞다	착각했다

① 그럴 리가 없어요. 사실이 (아닐지도 몰라요.)
そんなはずがありません。事実ではないかもしれません

② 신문에 난 기사가 오보(　　　　　　　　　　)
新聞に出た記事が誤報かもしれません

③ 다른 사람하고 (　　　　　　　　　　)
ほかの人と錯覚したのかもしれません

④ 언니가 잘못 (　　　　　　　　　　)
姉さんが見間違えたのかもしれません

⑤ 오빠 말이 (　　　　　　　　　　)
兄さんの言葉が正しいかもしれません

A「~したかな? (–았/었을까?)」、B「まだ~していないかもしれない (아직 안 –았/었을지도 몰라)」というやり取りを完成させましょう。

① 출석을 부르다　出席を取る

A : 출석을 (불렀을까?)
B : (아직 안 불렀을지도 몰라.)

② 수업이 끝나다　授業が終わる

A : 수업이 (　　　　　　　　　　)
B : (　　　　　　　　　　)

③ 회의를 시작하다　会議を始める

A : 회의를 (　　　　　　　　　　)
B : (　　　　　　　　　　)

④ 택배를 부치다　宅配を送る

A : 택배를 (　　　　　　　　　　)
B : (　　　　　　　　　　)

-ㄹ/을 줄 알다

～(する)ことができる、～(する)すべを知っている

ギターが弾けるの？

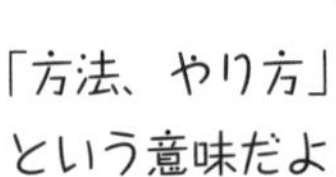

基本形	例
母音語幹＋ㄹ 줄 알다	마실 줄 안다　飲める
子音語幹＋을 줄 알다	읽을 줄 알아요　読めます
ㄹ語幹（ㄹは消える）＋ㄹ 줄 알다	만들 줄 알아?　作れるの？

- -ㄹ/을 줄 알다は、「～(する)ことができる」「～(する)すべを知っている」という学習などで身につけた能力や、その方法、作法などに関して用います。줄は「方法」「すべ」という意味です。

  例 자신을 표현할 줄 알아요. 自分を表現することができます

- -ㄹ/을 줄 알다の알다を모르다に変えると、「～することができない」「～するすべを知らない」という意味になります

  例 자신을 표현할 줄 몰라요. 自分を表現するすべを知りません

- -ㄹ/을 수 있다/없다（～することができる/できない）が能力や可能性を表すときに使われるのに対し、-ㄹ/을 줄 알다/모르다は可能性を表すことはできません。

  例 내일 일찍 올 수 있어요? (×올 줄 알아요?) 明日早く来られますか？

얼마나 -는(ㄴ/은)지 모르다は、「どんなに～なのかしれない＝どれほど～することか」という感嘆を表す慣用表現です。

例）얼마나 좋은지 몰라. どんなにいいことか

74-1 A「~できますか? (ㅡㄹ/을 줄 알아요?)」、B「~できません (ㅡㄹ/을 줄 몰라요)」というやり取りを完成させましょう。

① 기타를 치다 ギターを弾く

A : 기타를 (칠 줄 알아요?)

B : 아뇨. (칠 줄 몰라요.)

② 떡볶이를 만들다 トッポッキを作る

A : 떡볶이를 ( )

B : 아뇨. ( )

③ 농구를 하다 バスケットボールをする

A : 농구를 ( )

B : 아뇨. ( )

④ 한국어로 주문하다 韓国語で注文する

A : 한국어로 ( )

B : 아뇨. ( )

なるほど…
ㅡㄹ/을 줄 알다
って
ㅡㄹ/을 수 있다
とは違うんだ。

74-2 ( ) にふさわしい単語を選び、ㅡㄹ / 을 줄 아는の形にして文を完成させましょう。(成熟した大人とはこのような人だと言っています)

사랑하다	즐기다	지다	견디다	나누다

① 성숙한 어른이란 (사랑할 줄 아는) 사람입니다.
成熟した大人とは愛し方を知っている人です

② 책임을 ( ) 사람이어야 합니다.
責任の取り方を知っている人でなければなりません

③ 남과 ( ) 사람이어야 합니다.
他人と分かち合える人でなければなりません

④ 고생을 참고 ( ) 사람이어야 합니다.
苦労に耐え抜くことができる人でなければなりません

⑤ 삶을 ( ) 사람이어야 합니다.
人生の楽しみ方を知っている人でなければなりません

お悩み解決コーナー 25

-ㄹ/을 줄 알다 vs -ㄹ/을 수 있다

-ㄹ/을 수 있다も-ㄹ/을 줄 알다も日本語にすると「～できる」ですが、用法に違いがあります。-ㄹ/을 수 있다が能力、許可、可能性など広い意味での「～できる」として用いられるのに対し、-ㄹ/을 줄 알다はもともと「やり方を知っている」という意味から来ており、習い覚えてできるようになった能力について使います。

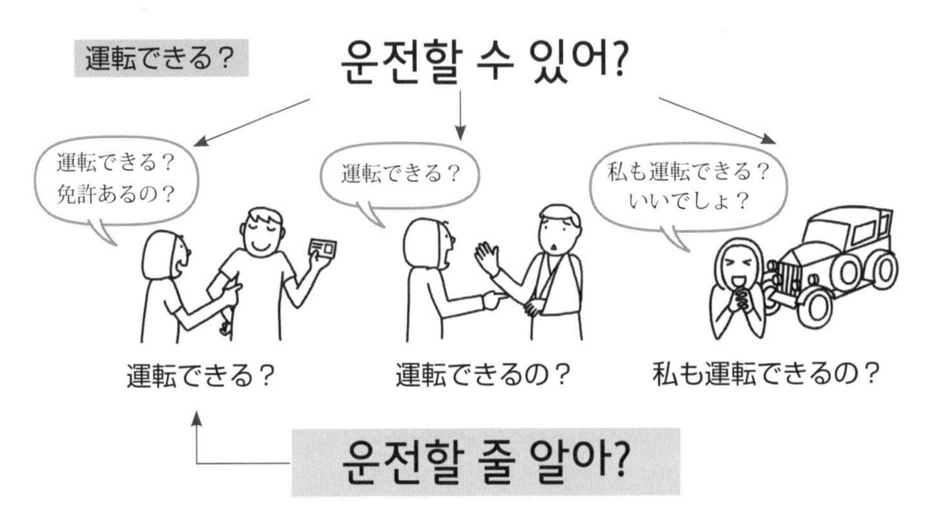

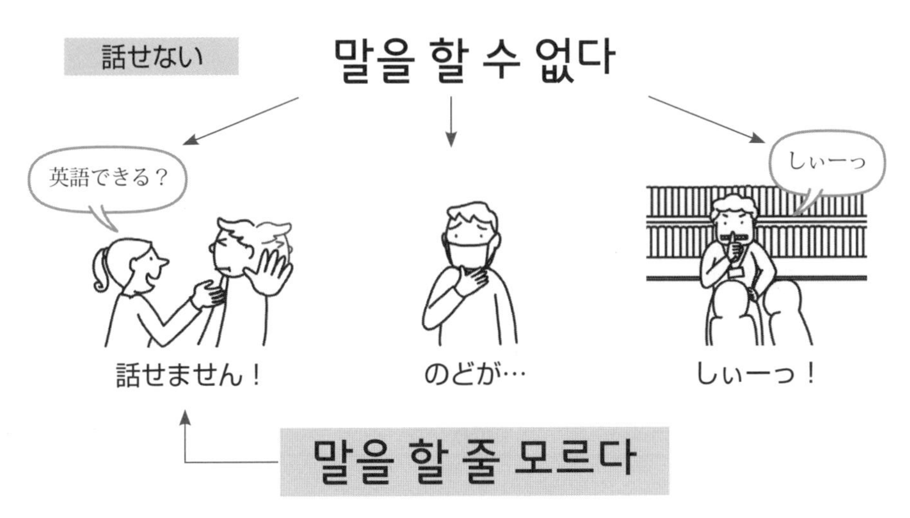

話せない
말을 할 수 없다
英語できる？
しぃーっ
話せません！
のどが…
しぃーっ！
말을 할 줄 모르다

마실 수 없다
飲めない
まだ 10 代
なので
医者に止め
られていまして
運転するので…
まだ飲めません！
飲んじゃダメ
飲めません！
마실 줄 모르다

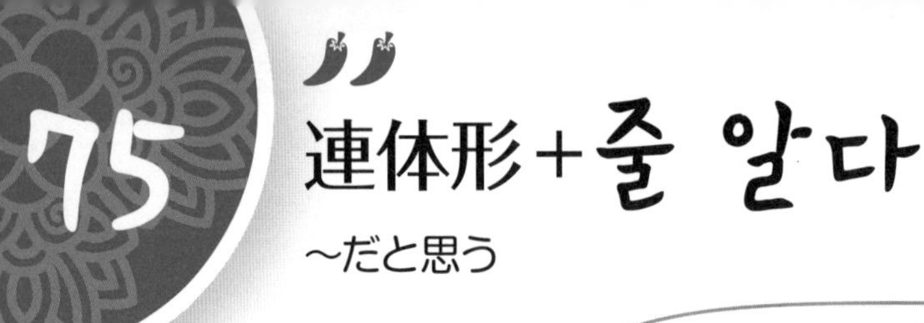

75 連体形＋줄 알다

~だと思う

基本形	例
現在連体形 ＋ 줄 알다	가는 줄 안다 行くと思っている
過去連体形 ＋ 줄 알다	간 줄 알았는데 行ったと思っていたのに
未来連体形 ＋ 줄 알다	갈 줄 알았다 行く（だろう）と思っていた

- 連体形＋줄 알다の알다は「思う」という意味です。

  例 엄마는 내가 가는 줄 안다. 母は私が行くと思っている

- 連体形＋줄 알았다は、「~だと思っていた(しかし違っていた）」という、後で確認した結果自分が思っていたことと逆だった場合に使います。

  例 딸도 가는 줄 알았다. 娘も行くと思っていた（しかし行かなかった）

- 「~だと思って（しかし実際はそうではなかった)」は、連体形＋줄 알고で表現します。

  例 다들 가는 줄 알고(×알았고) 나왔는데 안 가는 사람도 있었다.
  みな行くと思って出たが、行かない人もいた

Plus+ ONE

連体形＋줄(은) 몰랐다は、「~とは知らなかった」「思いもよらなかった」という、予想が外れているときやいまは知っているがその当時は知らなったことについて用います。

例）네가 올 줄은 몰랐어. あなたが来るとは知らなかったよ

75-1 (　　　)にふさわしい単語を選び、-ㄴ/은 줄 알았는데を用いて文を完成させましょう。(「～と思っていたのに…違っていた」と言っています)

이다	나가다	쓰다	따뜻하다	맵다

① 어? 안 나갔네. 난 (나간 줄 알았는데.)
あれ? 出かけなかったんだ。私は出かけたと思っていたのに

② 어? 돈이 있네. 어제 돈을 다 (　　　　　　　　　　)
あれ? お金があるわ。昨日お金を全部使ってしまったと思っていたのに

③ 바람이 차네. 오늘은 (　　　　　　　　　　)
風が冷たいね。今日は暖かいと思っていたのに

④ 남자 친구가 아니었어? 난 남자 친구(　　　　　　　　　　)
彼氏ではなかったの?　私は彼氏だと思っていたのに

⑤ 와, 맵네. 난 안 (　　　　　　　　　　)
わぁ、辛いわ。私は辛くないと思っていたのに

75-2 A「～とは知らなかったの?(-는[ㄴ/은] 줄 몰랐어?)」、B「～とは思いもよらなかったよ(-는[ㄴ/은] 줄은 몰랐지)」というやり取りを完成させましょう。

① 엄마 생일이 오늘이다　母の誕生日は今日である

A：엄마 생일이 (오늘인 줄 몰랐어?)
B：진짜 엄마 생일이 (오늘인 줄은 몰랐지.)

② 선물을 기대하다　プレゼントを期待する

A：선물을 (　　　　　　　　　　)
B：정말 선물을 (　　　　　　　　　　)

③ 가족 모임이 있다　家族の集まりがある

A：가족 모임이 (　　　　　　　　　　)
B：정말 가족 모임이 (　　　　　　　　　　)

④ 기념 사진을 찍다　記念写真を撮る

A：기념 사진을 (　　　　　　　　　　)
B：정말 기념 사진을 (　　　　　　　　　　)

お悩み解決コーナー 26

連体形＋줄 알다 vs -고 생각하다

日本語に訳すとどちらも「～と思う」にあたる-줄 알다と-고 생각하다は、用法に使い分けがあります。-고 생각하다は広く「～と思う/考える」という表現に用いられるのに対し、-줄 알다は「(てっきり)～ものと思い込む」という意味でよく用いられます。自分の考えと現実の間にギャップがある状況で使われるわけです。

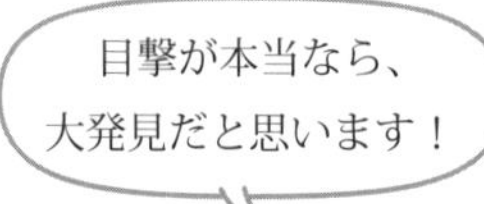

대발견이라고
생각합니다.

大発見だと思います

単純に自分の考えを述べる場面では、
-고 생각하다を用います。

이 근처에 있다고
생각합니다.

この近くにいると思います

これも自分の意見を述べているので、
-줄 알다は用いません。

진짜 호랑이인 줄 알았어요.

本当にトラだと思ったんです

−줄 알다は「思い込み」の場面で用います。

이렇게 작은 줄 몰랐어요.

こんなに小さいとは
思いませんでした

以前は知らなかった真実を知ったという場面では、−줄 모르다が使われます。

내가 이럴 줄 알았어.

ぼくはこうなると思った

「思い込み」ではありませんが、이럴 줄 알았다は慣用表現としてよく用いられます。

お悩み解決コーナー 27

「思う」のいろいろ 韓国語でどう言う？

韓国語で「思う」に当たる動詞として생각하다がすぐに思い浮かぶかもしれません。けれども韓国語の文や会話をよく観察してみると、日本語の「思う」ほど생각하다が使われないことに気づきます。생각하다の代わりに「思う」に相当するようなほかの表現が用いられるからです。どのような表現があるのか場面を通して見てみましょう。

저건 유에프오라고 생각해.

あれはUFOだと思う

「～と思う／考える」と強く主張する場合は、생각하다を使います。

아닌 거 같은데.

違うと思うけど

それほど自分の考えを主張するのではない場合は、-것(거) 같다の方が柔らかく聞こえます。

유에프오 줄 알았는데.

UFOだと思ったのに

−줄 알다「思い込み」のような自分の考えと現実の間にギャップがある場合に使います。

いつか本物の
UFO見ることが
できると思うよ

언젠가 진짜 유에프오를 볼 수 있을 거야.

いつか本物のUFOを見ることができると思うよ

「(きっと) ～と思う」のようにこれから起こることを予想する場合は、−ㄹ 것이다が使われます。

언젠가 유에프오를 보고 싶어.

いつかUFOを見たいと思っている

日本語ではよく「～たいと思う」という言い回しを用いますが、韓国語では싶다の後に、생각하다を始めとした「思う」に当たる表現をつけ加えることはできません。싶다自体が希望・願望という自分の思いを表わす言葉なので、「思う」をさらに加えると余分に感じられるようです。

71～75の復習 5分間の力だめし！

❖日本語訳に合うように、正しいものを選んでください。

❶ 차가 막혀서 비행기를 못 탈 (뻔했어요 / 곳이었어요).
車が混んでいて飛行機に乗り遅れるところでした。

❷ 엄마는 내가 돈이 있는 (줄 알아요 / 줄 알았어요).
母は私がお金を持っていると思っています。

❸ 아무도 없는 (줄 알고 / 줄 알았고) 문을 닫았다.
誰もいないと思って、ドアを閉めた。

❹ 삼촌이 전화도 안 하고 찾아올 (줄이 / 리가) 없어요.
おじさんが電話もせずに訪ねてくるはずがありません。

❺ 할아버지가 오실 (줄은 / 리는) 몰랐어요.
おじいさんが来られるとは思いもよらなかったです。

▶71～75の答え

① (뻔했어요 / 곳이었어요)
② (줄 알아요 / 줄 알았다)
③ (줄 알고 / 줄 알았고)
④ (줄이 / 리가)
⑤ (줄은 / 리는)

ようだ・みたいだ

ここでは「～ようだ」「～らしい」「みたいだ」「(あたかも)～のように、～かのように」などの表現について学びます。

また、初級で学んだ「連体形＋것　같다」と-나　보다の違いについても見てみます。

76 連体形＋모양이다

～みたいだ、～らしい

あら、雨が降ったみたいね

基本形	例
現在連体形 + 모양이다	오는 모양이다 （雨が）降っているみたい
過去連体形 + 모양이다	온 모양이네 （雨が）降ったみたい
未来連体形 + 모양이다	올 모양이야 （これから雨が）降るみたい

連体形＋모양이다は、話し手が直接見たり聞いたりした情報を根拠に、「～ようだ」「みたいだ」「～らしい」と推量をするときに使います。모양は「様子」という意味です。主に話し言葉で使われます。

例（地面が濡れているのを見て）

비가 온 모양이네. 雨が降ったみたいね

（ヨンスが結婚するという話を聞いて友人に）

영수가 결혼할 모양이야. ヨンスが結婚するらしいよ

連体形＋모양이다は話し手が直接見たり聞いたりした「様子」を伝えるときにしか使えません。話し手の考えを述べるときには使えません。（連体形＋같다との違いについては、⇒254頁）

例）私は行けないと思います

○저는 못 갈 것 같아요.

×저는 못 갈 모양이에요.

与えられた語句を用いて、「～するのを見たら、～みたい (-는(ㄴ/은) 걸 보니까 -는(ㄴ/은) 모양이야)」という文を作りましょう。

① 일찍 퇴근하다 / 약속이 있다
早く退社する　約束がある

→ 일찍 퇴근하는 걸 보니까
약속이 있는 모양이야.

② 앉아서 졸다 / 피곤하다
座って居眠りする　疲れている

→

③ 열이 있다 / 감기가 들다
熱がある　風邪をひく

→

④ 식욕이 없다 / 어디 아프다
食欲がない　どこか具合が悪い

→

76-2 (　　　) にふさわしい単語を選び、-는(ㄴ/은) 모양인데 / 모양이니까 / 모양이야を用いて文を完成させましょう。(会社でのやり取りです)

있다	일하다	끝나다	피곤하다

① 어제도 밤 늦게까지 (일한 모양인데) 다했어?
昨日も夜遅くまで仕事をしたみたいだけど、完成した?

② 아직 일이 안 (　　　　　　　　) 먼저 갑시다.
まだ仕事が終わっていないようだから、先に行きましょう

③ 박과장이 (　　　　　　　　) 그냥 집에 가죠.
朴課長が疲れているようだから、これで帰りましょう

④ 내일 기획 회의가 (　　　　　　　　)
明日企画会議があるらしい

77 -나 보다, -ㄴ/은가 보다

～ようだ、～みたいだ

雨が降っているみたい

基本形	例
動 存 語幹＋나 보다 （ㄹ語幹はㄹが消える）	없나 봐요　いないようです 만드나 봐　作るみたい
形 指 語幹＋ㄴ/은가 보다 （ㄹ語幹はㄹが消える）	싫은가 봐　嫌みたい 먼가 봅니다　遠いようです

- -나(ㄴ/은가) 보다は、34 頁の疑問形語尾-나(ㄴ/은가)に、話し手の判断を表す보다（見る、思う）がついた表現で、「～ようだ」「～みたいだ」というある状況を見て推察したり、"独り言" をつぶやいたりするときに使います。
- 過去形は品詞を問わず、-았/었나 보다です。
- -나(ㄴ/은가) 보다は連体形＋모양이다に置き換えられることができます。意味の違いはありません。

  例 （地面が濡れているのを見て）

  비가 왔나 보네(＝온 모양이네).　雨が降ったみたい

- ただし、-나(ㄴ/은가) 보다が "独り言" として使われる場合は、連体形＋모양이다に置き換えることはできません。

  例 나는 바보인가 봐. (×바보인 모양이야)　私はバカみたい

77-1 (　　　) にふさわしい単語を選び、－나(ㄴ/은가) 봐요を用いて、文を完成させましょう。(車の中から道が混んでいる理由を推察しています)

이다	났다	하다	막히다	고장났다

① 오늘은 고속도로가 많이 (막히나 봐요.)
今日は高速道路がずいぶん混んでいるみたいですね

② 이 시간대가 차가 막히는 시간대(　　　　　　　　　)
この時間帯は車が混む時間帯のようです

③ 교통 사고가 (　　　　　　　　　)
交通事故が起こったみたいです　　　▽사고가 나다で「事故が起こる」

④ 아, 도로 공사를 (　　　　　　　　　)
あ、道路工事をしているようですよ

⑤ 앞차가 안 움직여요. 차가 (　　　　　　　　　)
前の車が動きません。車が故障したようです

－나(ㄴ/은가) 봐を用いて、対話文を完成させましょう。

① A : 저 두 아이는 너무 닮았네. (이다)
B : 그러네. 쌍둥이(인가 봐.)

② A : 엄마가 누워 계시네. (아프시다)
B : 응. 어디 (　　　　　　　　　)

③ A : 이게 무슨 냄새지? (부치다)
B : 언니가 전을 (　　　　　　　　　)
▽전을 부치다「ジョンを焼く」

④ A : 작년에 산 바지가 좀 크네. (빠졌다)
B : 그래? 너 살이 (　　　　　　　　　)

お悩み解決コーナー 28

-나 보다 vs -것 같다 どう使い分ける?

-나 보다も-것 같다も「~ようだ、みたいだ」を表わす慣用表現ですが、その用法に少し違いがあります。-나 보다は必ず話者が見た状況を元に判断する場合に用いられますが、-것 같다は判断の根拠はもっと幅広く、「まるで~ようだ」という比喩にも用いられます。また疑問文で使えるのも-것 같다だけです。

하나밖에 없는 거 같아요.
하나밖에 없나 봐요.

一つしかないようです

見た情景を元に「~ようだ、みたいだ」というのは、-나 보다と-것(거) 같다のどちらも用いられます。

비가 그쳤나 보네.

雨が止んだみたいね

-나 보다はよく独り言に用いられます。

마치 여름이 온 거 같네요.

まるで夏が来たみたいです

「まるで〜ようだ」という比喩に -나 보다は使えません。

빈 자리는 있는 거 같아요?

空いた席はありそうですか？

疑問文にできるのは、-것(거) 같다だけです。

ちなみに、빈 자리가 있나 봐요と言えば「空いた席があるかどうか見てください」という意味にもなります。

また빈 자리가 있는 모양이에요は、直接空いている席があるかどうか確認してから「空いている席があるようです」と伝えるときに使います。

78 連体形＋듯(이)

(あたかも)～のように、～かのように

雨が降るかのように汗が流れた

基本形	例
現在連体形 ＋ 듯(이)	아는 듯(이)　知っているかのように
過去連体形 ＋ 듯(이)	잊은 듯(이)　忘れたかのように
未来連体形 ＋ 듯(이)	뛸 듯(이)　飛び上がるほど

- 連体形＋듯(이)の形で、あるものとよく似ている状況・様子を説明したり描写するときに用います。듯(이)の이は省略することができます。主に論文や小説などの書き言葉で使われます。似た表現に、連体形＋것처럼（～かのように）があります。

  例 형을 아는 듯(=아는 것처럼) 말했다.　兄を知っているかのように言った

- 連体形＋듯하다は、「～ようだ」「～らしい」という推量の意味です。하다は싶다に置き換えられます。

  例 형을 잘 아는 듯했다(=듯싶었다).　兄をよく知っているようだった

- 連体形＋듯한＋名詞の形もよく使われます。

  例 감기에 걸린 듯한 목소리였다.　風邪をひいたかのような声だった

Plus+ ONE　（慣用表現では）語幹＋듯(이)（[あたかも]～ように）の形もあります。

例）물 흐르듯이 살아라.　水が流れるように生きなさい

　　구경하듯 보고만 있었다.　見物するように見ているだけだった

78-1 (　　　)にふさわしい単語を選び、−는 듯이·−ㄴ/은 듯이·−ㄹ/을 듯이を用いて、文を完成させましょう。(サプライズパーティーでのことです)

슬프다	잊다	뛰다	나다	모르다

① 일부러 조카의 생일을 (잊은 듯이) 행동했다.
わざと甥の誕生日を忘れたかのように行動した

② 조카는 아주 (　　　　　　　　) 앉아 있었다.
甥はとても悲しそうに座っていた

③ 좀 화가 (　　　　　　　　) 보였다.
すこし怒っているかのように見えた　▽화가 나다で「怒る」

④ 언니도 아무것도 (　　　　　　　　) 행동했다.
姉も何も知らないように行動した

⑤ 그때 선물을 건네자 조카는 (　　　　　　　　) 기뻐했다.
その時プレゼントを渡すと、甥は飛び上がるほど喜んだ

78-2 与えられた語句を用いて、「〜した。〜した/しているようだった (−았/었다. −는(ㄴ/은) 듯했다)」という文を作りましょう。

① 기침을 하다　咳をする / 감기에 걸리다　風邪をひく
→ (기침을 했다. 감기에 걸린 듯했다.)

② 표정이 굳어 있다　表情が硬くなっている / 화가 나다　怒る
→ (　　　　　　　　　　　　　　　　)

③ 원장님 이야기를 하다　院長の話をする / 그를 알다　彼を知る
→ (　　　　　　　　　　　　　　　　)

④ 내게 인사를 하다　私に挨拶をする / 어디서 보다　どこかで会う
→ (　　　　　　　　　　　　　　　　)

⑤ 목소리가 이상하다　声がおかしい / 혼자서 울다　ひとりで泣く
→ (　　　　　　　　　　　　　　　　)

76~78の復習 5分間の力だめし!

❖ 日本語訳に合うように、正しいものを選んでください。
両方とも正しい場合もあります。

❶ (식탁에서) 언니는 저녁을 안 (먹을 모양이에요 / 먹나 봐요).
(食卓にて) 姉さんは夕食を食べないらしいです。

❷ 어떡하지? 내가 또 (잊어버린 것 같아 / 잊어버렸나 봐).
どうしよう。私がまた忘れたみたい。

❸ 오늘은 회의가 (없는 모양이에요 / 없나 봐요).
今日は会議がないようですよ。

❹ 전혀 모르는 (듯이 / 모양으로) 말했다.
まったく知らないように言った。

❺ 전화를 빌려 달라고 했다. 휴대폰을 안 가져온 (듯 / 처럼) 했다.
電話を貸してくれと言われた。携帯を持ってきていないようだった。

▶76～78の答え

① (먹을 모양이에요 / 먹나 봐요)
② (잊어버린 것 같아 / 잊어버렸나 봐)
③ (없는 모양이에요 / 없나 봐요)
④ (듯이 / 모양으로)
⑤ (듯 / 처럼)

回想の더を含む文末表現

ここでは話し手が過去に見たり聞いたりしたことや、話し手が過去に感じたり思ったりしたことを、“～だったよ”と聞き手に伝えるときに用いるさまざまな文末表現について学びます。すこし難しいところですが、ぜひ使えるようにしましょう。

−더라

～していたよ

あの映画、おもしろかったよ

그 영화, 재미있더라.

基本形	例
語幹 + 더라	쳐다보더라　見ていたよ 춥더라　寒かったよ

- −더라は、回想の−더に、感嘆の−어라が結合した形で、過去に話し手が直接見たり聞いたりしていたことを、「～していたよ」「～だったよ」と伝えるときに使います(主語は2人称、3人称、用法[1])。−더라は한다体なので、友人や目下の人に使います。

  例 선생님이 너를 쳐다보더라. 先生があなたを見ていたよ

- 話し手が過去に感じたり思ったりしたことを他人に伝えるときにも使います(主語は1人称、用法[2])。

  例 나는 그 영화, 재미있더라. 私はあの映画、面白かったよ

- 나는 ○○가 좋더라/싫더라の形は話し手の好みなどを現わすときに使われ、「昔からずっとそのような人間なんだ」というニュアンスがあります(79-2の①参照)。
- 状況が完了している場合は、−았/었더라が使われます。

  例 내가 갔을 땐 다들 왔더라. 私が行ったときは全員来ていたよ

- 疑問詞＋더라の形で独り言や、思い出せないことを相手にさりげなく尋ねるときにも使います。

  例 그 배우 이름이 뭐더라? その俳優の名前、何だっけ?

79-1 (　　　　)にふさわしい単語を選び、-았/었더라を用いて文を完成させましょう。(祖母の家に行ってきた兄が見てきたことを、弟に伝えています)

늘다	열리다	넓어지다	찌시다	없어지다

① 개가 두 마리로 (늘었더라.)
犬は2匹に増えていたよ

② 감나무에 감이 많이 (　　　　　　)
柿の木には柿がたくさん実っていたよ

③ 할머니네 집 앞에 길이 (　　　　　　)
おばあさんの家の前の道が広くなっていたよ

④ 할머니는 살이 좀 (　　　　　　)
おばあちゃんはちょっと太っておられたよ

⑤ 전에 갔던 그 식당은 (　　　　　　)
この前行ったあの食堂は無くなっていたよ

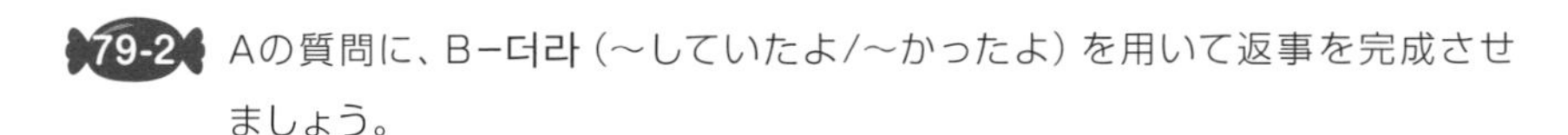

79-2 Aの質問に、B-더라(〜していたよ/〜かったよ)を用いて返事を完成させましょう。

① A：너는 어떤 남자가 좋아?
B：나? 난 성실한 남자가 (좋더라.)

② A：이번 콘서트는 재미있었어?
B：응, 엄청 (　　　　　)

③ A：한국어 시험은 어려웠어?
B：응, 생각보다 (　　　　　)

④ A：그 레스토랑 음식이 맛없었어?
B：응, 진짜 (　　　　　)

⑤ A：그래서 돈이 아까웠어?
B：그래. 돈이 좀 (　　　　　)

80 -더라고(요)

～していたよ、～だったよ

あの映画、おもしろかったですよ

그 영화,
재미있더라고요.

基本形	例
語幹 + 더라고(요)	웃더라고 笑っていたよ 놀더라고요 遊んでいましたよ

- -더라고は-더라に-고がついた形で、-더라と同じく「～していたよ」「～だったよ」という過去に話し手が直接見たり聞いたりしていたことを伝えるときに使います（主語は2人称・3人称［用法1］）。-더라고は해体なので、親しい友人や平等な関係で使われます。目上の人には-더라고요を使います。-더라구(요)とも言います。

  例 애기가 나를 보고 웃더라고요. 赤ちゃんが私を見て笑っていましたよ

- 話し手が過去に感じたり思ったりしたことを他人に伝えるときにも使います（主語は1人称［用法2］）。

  例 (나는) 그 영화, 재미있더라고. （私は）あの映画、面白かったよ

- 主語が1人称の場合は、話し手の心理を現わすこともあり、主に좋다・싫다などの感情形容詞や、-겠더라고(요)の形がよく使われます。

  例 나는 정말 가기 싫더라고. 私は本当に行くのが嫌だったよ
  감기 걸렸을 때 죽도 못 먹겠더라고. 風邪をひいた時、お粥も食べられなかったよ

- 状況が完了している場合は、-았/었더라고(요)が使われます。

  例 내가 갔을 땐 다 왔더라고. 私が行ったときは全員来ていたよ

80-1 (　　　　) にふさわしい単語を選び、−았/었더라고요を用いて文を完成させましょう。(祖母の家に行ってきた息子が見てきたことを、母に伝えています)

낳다	고치다	생기다	이사 가다	피다

① 개가 새끼를 (낳았더라고요.)
犬が子犬を産んでいましたよ

② 마당에 복숭아 꽃이 예쁘게 (　　　　　　　　　　)
庭に桃の花がきれいに咲いていましたよ

③ 할머니네 집 부엌은 (　　　　　　　　　　)
おばあさんところの台所は直してありましたよ

④ 삼촌은 아파트로 (　　　　　　　　　　)
おじさんはマンションに引っ越ししていましたよ

⑤ 새로운 가게가 (　　　　　　　　　　)
新しい店ができましたよ

80-2 Aの質問に、B−더라고 (〜していたよ/〜かったよ) を用いて返事を完成させましょう。

① A : 그 영화 어땠어? (볼 만하다)
B : 괜찮아. (볼 만하더라고.)

② A : 선생님 소식 들었니? (슬프다)
B : 그 소식을 듣고 너무 (　　　　　　　　　　)

③ A : 너, 저녁은 먹었니? (안 넘어가다)
B : 가슴이 아파서 밥이 (　　　　　　　　　　)

④ A : 동창회에는 왜 안 나왔어? (나가기 싫다)
B : 그날은 아무 데도 (　　　　　　　　　　)

⑤ A : 다른 친구들한테는 연락했어? (못 하겠다)
B : 아니. 연락을 (　　　　　　　　　　)

お悩み解決コーナー 29

-더라고(요) 典型的な使い方と誤用

-더라고(요)には二つの用法があります。ひとつは自分が見た場面を「〜でしたよ」「〜していましたよ」と相手に伝える時に用いられます。自分自身の行為については-더라고(요)を用いて表現することはできません。

공부하더라고요.

勉強していましたよ

第三者が何をしていた（のを見た）かを聞き手に伝える時に、-더라고(요)が用いられます。

(×)공부하더라고요.

勉強していましたよ

自分自身の行為については、原則的に-더라고(요)は使えません。

一人称を主語に置いて-더라고(요)が使えるのは、過去の自分の心の中を描写する時です。これがもう一つの用法です。主に心の中を表す表現が来ます。たとえば、다 끝났다고 생각하니 섭섭하더라고요.「全て終わったと思うと寂しかったですよ」、그때는 잘 이해하지 못하겠더라고요.「その時はよく理解できなかったんですよ」などです。

−더라고(요)で伝えることができる出来事は、自分の目で直接見た体験に限られるので、옛날에 여기에도 공룡이 있더라고요.（昔ここにも恐竜がいたんですよ）とは言えません。

개집을 만들더라고요.

犬小屋を作っていましたよ

自分が見た時点で、行為がまだ継続中だった時は、語幹＋더라고(요)で表現します。

개집을
만들었더라고요.

犬小屋を作っていましたよ

自分が見た行為がすでに完了していた場合は、−았/었더라고(요)で表現します。

81 −던가(요)? ～したのか、～だったかな −던데(요) ～していたが、～だったが

何と言っていましたか　　　いいと言っていましたよ

基本形	例
語幹 + 던가(요)?	보던가?　見ていたの？ 가던가요?　行ったんですか
語幹 + 던데(요)	전화하던데　電話していたが 만들던데요　作っていましたが

- −던가?は、回想の더に、−ㄴ가?（⇒34頁）が結合した形で、「～したのか」「～だったかな」というある程度相手に気遣いながら質問するときに使います。目上の人には−던가요?が使われます。

  例 좋다고 하던가요?　いいと言ってましたか？

- −던데は、回想の더に、−ㄴ데（⇒98頁）が結合した形で、「～していたが」「～だったのだが」という丁寧で婉曲な感じで伝えるときに使います。目上の人には−던데요が使われます。

  例 싫다고 하던데요.　嫌だと言っていましたが

もう一度確認！　−던가?の質問に−더라고(요)で答えることもできますが、−던데(요)に比べるとあまり丁寧な感じがしません。目上の人には−던데(요)を使いましょう。

81-1 (　　　) にふさわしい単語を選び、-던데요を用いて文を完成させましょう。(会社で見たことを伝えています)

가다	전화하다	복사하다	만들다	들어가다

① 과장님은 아까 저쪽으로 (가던데요.)
課長は先ほどあちらのほうに行きましたが

② 아침에 회의 자료를 (　　　　　　　　)
朝方、会議の資料を作っていましたが

③ 1시간 전에 저기서 (　　　　　　　　)
1時間前にあそこでコピーしていましたが

④ 좀 전에 회의실로 (　　　　　　　　)
少し前に会議室へ入っていきましたが

⑤ 아까 부장님께 (　　　　　　　　)
先ほど部長に電話をしていましたが

81-2 A -던가요? (~したんですか)、B -던데요 (~していましたが) というやり取りを完成させましょう。

① 할머니는 식사를 잘 잡수시다　おばあさんは食事をちゃんと召し上がる
A : 할머니는 식사를 잘 (잡수시던가요?)
B : 네. 잘 (잡수시던데요.)

② 형은 직장에 잘 다니다　兄さんは職場にちゃんと通う
A : 형은 직장에 잘 (　　　　　　　　)
B : 네. 잘 (　　　　　　　　)

③ 고양이는 건강하게 크다　猫は元気に育つ
A : 고양이는 건강하게 (　　　　　　　　)
B : 네. 건강하게 (　　　　　　　　)

④ 삼촌은 담배를 완전히 끊었다　おじさんはタバコを完全にやめた
A : 삼촌은 담배를 완전히 (　　　　　　　　)
B : 네. 완전히 (　　　　　　　　)

-더군(요)

～していたなぁ、～だったよ

景色がよかったなぁ

基本形	例
語幹 + 더군(요)	좋더군요　よかったなぁ 잘하더군　上手だったよ 섭섭하더군요　寂しかったよ

- –더군(요)は、回想の더に、–군(요)（⇒54頁）が結合した形で、「～していたなぁ」「～だったよ」という"感嘆して伝える"ときに使います。目上の人には–더군요が使われます。

  例 경치가 좋더군요.　景色がよかったんですよ

- パンマルの–더군は、–더구나とも言います。–더구나は한다体、–더군は해体にあたります。–더구나には요をつけることはできません。"感嘆して伝える"ときは–았/었구나とは言いません。

  例（旅行から帰ってきて）景色がよかったよ　○경치가 좋더구나
  ×경치가 좋았구나

Plus+ ONE

–았/었군、–았/었구나（～したんだ）は、相手の体験談に対して気持ちを込めてあいづちを打つときに使います。

例）A 경치가 정말 좋더구나.　景色が本当に良かったよ
B 그랬구나. 좋았구나.　そうだったんだ。良かったんだ。

82-1 (　　　　)にふさわしい単語を選び、−더군요を用いて文を完成させましょう。
(旅行から帰ってきて、報告をしています)

좋다	아름답다	섭섭해하다	많다	맞다

① 이번에 간 온천은 (좋더군요.)
今回行った温泉は良かったですよ

② 꽃밭이 무척 (　　　　　　　　　　)
花畑が非常に美しかったですよ

③ 바닷가엔 사람들이 (　　　　　　　　　　)
海辺には人々が多かったです

④ 음식도 입에 (　　　　　　　　　　) ▽입에 맞다で「口に合う」
食べ物も口に合いましたよ

⑤ 같이 못 가서 고모가 (　　　　　　　　　　)
いっしょに行けなくておばさんが寂しがっていましたよ

82-2 A−던가요? (〜したんですか)、B−더구나 (〜していたよ) というやり取りを完成させましょう。

① 큰형은 잘살다　長男は元気に暮らす
A：큰형은 (잘 살던가요?)
B：재미있게 (잘 살더구나.)

② 음식은 짜지 않다　食べ物は塩辛くない
A：음식은 (　　　　　　　　　　)
B：그다지 (　　　　　　　　　　)

③ 조카들은 싸우지 않다　甥たちは喧嘩をしない
A：조카들은 (　　　　　　　　　　)
B：전보다는 (　　　　　　　　　　)

④ 할아버지는 건강하시다　祖父はお元気だ
A：할아버지는 (　　　　　　　　　　)
B：여전히 (　　　　　　　　　　)

なるほど…
−던가요?も
−더구나も
過去のことをふり
返って言うのは
同じなんだ。

79～82の復習 回想表現の使い分け

さまざまな回想表現は、聞き手が誰なのかによって한다体、해体、해요体を使い分けます。

	目下：한다体	平等：해体	目上：해요体
叙述形	−더라	−더라고	−더라고요
疑問形	−디?*	−던가?	−던가요?
婉曲形	−	−던데	−던데요
感嘆形	−더구나	−더군	−더군요

＊−디?は、−더냐? −더니?の縮約形で、「〜したのか」「〜していたか」という意味です。

−던가?VS−았/었는가、−던데VS−았/었는데の使い分けを見てみましょう。

−던가? vs −았/었는가?

義母：여기 언제 왔던가?　　ここいつ来たんだったかな?
婿　：작년에 오셨잖아요.　　昨年来たじゃないですか

義母：자네, 언제 왔는가?　　あんた、いつ来たのかい?
婿　：좀 전에 왔어요.　　すこし前に来ました

−던데 vs −았/었는데

妻：〈전화로〉 큰아들은 뭐해?　　〈電話で〉長男は何している?
夫：영수? 아까 나가던데.　　ヨンス?先ほど出かけたよ

妻：〈전화로〉 뭐해?　　〈電話で〉何しているの?
夫：나? 지금 나왔는데.　　ぼく? 今出たよ

付録

- ▶ 実践問題
- ▶ 練習問題の解答・解説
- ▶ 文法索引

実践問題 1

(　　　) に入れるのに最も適切なものを①～④の中から1つ選びなさい。

1. 空を見るともうすぐ雨が降りそうだね。
하늘을 보니 곧 비가 (　　　).
① 올 거야　② 오겠네　③ 오네　④ 와 보이네

2. 道が複雑だから、途中で道に迷いそうになった。
길이 복잡해서 도중에 길을 잃어버릴 (　　　).
① 것 같았다　② 것 같아졌다　③ 듯했다　④ 뻔했다

3. 妹が幸せそうにしている姿を見ると私も嬉しかった。
여동생이 행복(　　　) 모습을 보니 나도 기뻤다.
① 해하는　② 한 것 같은　③ 해 보이는　④ 하겠는

4. ママが今朝は忙しそうだったから、言えなかったよ。
엄마가 오늘 아침에 (　　　) 말씀을 못 드렸어.
① 바쁠 것 같아서　② 바쁘겠어서　③ 바빠 보여서　④ 바쁜 모양이라서

5. これから何をどうすればいいのかよくわからない。
앞으로 뭘 어떻게 해야 (　　　) 잘 모르겠어.
① 하는지　② 할지　③ 할까　④ 하는가

6. お前も何が好きなのか言ってみろ。おじさんが買ってやるから。
너도 뭘 (　　　) 말해 봐. 삼촌이 사 줄게.
① 좋아하는지　② 좋아할지　③ 좋아할까　④ 좋아하는가

7. 次のクイズです。韓国の大統領はどこに住んでいるでしょうか。
다음 퀴즈입니다. 한국의 대통령은 어디 (　　　)?
① 사시나요　② 사시겠어요　③ 사시는지요　④ 사실까요

8. お前も知ってるだろ。なんで知らないふりするんだ。
너도 (　　　). 왜 모르는 척하고 그래.
① 알거든　② 알 거야　③ 알잖아　④ 알까

➡ 解答・解説

1. ②

point　この文は空を見て直感的に「雨が降りそう」と判断しているので、-겠が最も適当です。①の -ㄹ/을 것이다は論理的な推量「雨が降るであろう」の意味になります。また④ -아/어 보이다は動詞とともに用いません。

2. ④

point　「迷いそうだった」なら①も使えます。②は「〜そうになる」を表そうと같다に補助動詞の지다を加えていますが、같아지다という表現はありません。「〜そうになった」=「〜するところだった」の④が正解です。

3. ①

point　②も③も「そういう様子」という意味をすでに含んでいるので、모습「姿」にかかる表現なのが変です。④は「〜そう」を表すため連体形語尾 -는に -겠を組み合わせていますが、これは文法的に正しくありません。

4. ③

point　①は未来連体形바쁠を使っているため、今現在「忙しそう」という意味にはなりません。바쁜 것 같아서ならこの文に用いることができます。②は「〜そう」を表すため -겠に -아/어서を組み合わせていますが、これは文法的に正しくありません。また④の모양이다は基本的に文末で用いる表現です。

5. ②

point　「これから」の話なので、未来を表す -ㄹ지/을지がふさわしいです。また③や④は普通文末で用いられます。

6. ①

point　今「何が好きなのか」を聞いているので、未来を表す②は適当ではありません。また③と④は普通文末で用いられます。

7. ④

point　①②③は聞き手に配慮して婉曲に聞く用法の「〜でしょうか」です。④の -ㄹ/을까요? は婉曲ではなく推量の「でしょうか」を表しています。特にこうしたクイズやなぞなぞを問いかける時によく用いられます。

8. ③

point　③ -잖아は当然聞き手も知っているはずというニュアンスで用いられる表現です。「知っているだろ」=「知っているじゃないか」というこの文「〜だろ」には最もふさわしいです。②の알 거야は「知っているはずだ」という意味になり、その知っているはずの内容が後に続くのが普通です。

実践問題2

(　　　)に入れるのに最も適切なものを①〜④の中から1つ選びなさい。

1. 良い大学に入るために、一生懸命勉強した。
   좋은 대학에 (　　) 열심히 공부했다.
   ① 가기 때문에　② 가기 위해서　③ 가느라　④ 갈 테니

2. 私たちが別れたのは性格が合わなかったためだ。
   우리가 헤어진 것은 성격이 안 맞았기 (　　　).
   ① 때문이다　② 때문에다　③ 위해서다　④ 위해다

3. その日は引っ越しで忙しくて、連絡できなかった。ごめん。
   그날은 이사(　　) 바빠서 연락을 못했어. 미안해.
   ① 하기 때문에　② 하기 위해　③ 하느라　④ 하고 있어서

4. 商売がうまくいかなくて、店を閉めることになりました。
   장사가 너무 안 돼서 가게 문을 (　　) 됐어요.
   ① 닫도록　② 닫는 것이　③ 닫기로　④ 닫게

5. ヨンスに一緒に旅行に行こうと言ったんだけど、日程が合わないって。
   영수한테 같이 여행을 (　　) 했는데 일정이 안 맞는대.
   ① 가려고　② 가자고　③ 가거나　④ 가던지

6. あの店は味も良くないのに値段だけ高い。なんで有名なのかわからない。
   그 가게는 맛도 (　　) 값만 비싸. 왜 유명한지 모르겠어.
   ① 없으며　② 없으면서　③ 없느라　④ 없지만

7. 隣の家の子が自転車に乗っていて、転んでけがしたんですって。
   옆집 아이가 자전거를 (　　　　) 넘어져 다쳤대요.
   ① 타다가　② 탔다가　③ 타고 있어서　④ 타면서

8. 息子：俺、ご飯食べないよ。
   母：ご飯を食べようが食べまいが勝手にしなさい。
   아들 : 나, 밥 안 먹을 거야.
   엄마 : 밥을 (　　　　　) 마음대로 해.
   ① 먹는지 마는지　② 먹을까 말까　③ 먹는가 마는가　④ 먹거나 말거나

➡ 解答・解説

1. ②

point　この文は「良い大学に入るのが目的で、一生懸命勉強した」という意味で、目的を表す「ために」の②がふさわしいです。①②④は目的ではなくて理由の表現です。

2. ①

point　この文の「〜ためだ」は「〜からだ」と言い換えることができることからわかるように、理由を表しています。③は目的を表す「〜ためだ」です。また이다と組み合わせる際に、때문에は에を省かねばならず、逆に위해서は서を省略できないため、②と④は文法的に間違いです。

3. ③

point　「忙しかった」のはこれから「引っ越しする」からではなく「引っ越し作業中だった」ためなので、①と②は間違いです。また、④のように -고 있다と -아/어서を組み合わせて「〜していたので」という意味で用いることはあまりありません。また이사하고 있어서 바빠서と -아/어서が連続するのも変です。

4. ④

point　①の -도록も③の -기로も、되다ではなく하다が後に続きます。②の -는 것이 되다は直訳すると「〜ことになる」となりますが、こういう表現はありません。

5. ②

point　「〜しようと」はその後ろに続く表現によって、どういう韓国語表現になるかが違ってきます。ここは「〜しようと言う」なので勧誘の引用文②が正解です。① -(으)려고は「〜しようとする/思う」、③ -거나や④ -던지＝든지は「〜しようとすまいと」というパターンで用いられます。

6. ②

point　-(으)면서は「〜ながら」という意味だけでなく、「〜のに」や「〜くせに」といった不満げな逆接の用法もあります。-(으)며には逆説の用法はありません。

7. ①

point　③の -고 있어서という表現自体あまり用いられませんが、使うなら「〜していて」ではなく「〜していたので」の意味になってしまいます。①が「〜していて」＝「〜する途中で」に当たる表現になります。

8. ④

point　①〜③は「〜するのかしないのか」どちらなのかを知りたいという話が後に続きます。④の -거나や、-든지は「〜しようがすまいが（勝手にしろ）」という意味になります。

実践問題3

(　　　) に入れるのに最も適切なものを①～④の中から1つ選びなさい。

1. すごく寒くなったね。早く入って。
   날이 많이 (　　　). 얼른 들어와.
   ① 추워 보여　② 춥게 됐어　③ 춥기로 됐어　④ 추워졌어

2. バスを待つのに長い間立っていたら、脚が痛くなった。
   버스를 (　　　) 한참 서 있었더니 다리가 아팠다.
   ① 기다리느라　② 기다리니까　③ 기다려서　④ 기다리는데

3. さっきお電話した者ですが、部長さんは戻られましたか。
   아까 전화드린 사람(　　) 부장님 들어오셨나요?
   ① 이지만　② 이고　③ 인데　④ 이며

4. 祖父は健康に暮らしていたが、100 歳で亡くなられたそうだ。
   할아버지는 건강하게 (　　　) 100살에 돌아가셨다고 한다.
   ① 사시다가　② 사셨다가　③ 사셨지만　④ 사시며

5. 黄色のネクタイを締めたが、ほどいてカバンに入れた。
   노란색 넥타이를 (　　　) 풀어서 가방에 넣었다.
   ① 매다가　② 매려는데　③ 맸지만　④ 맸다가

6. 来る途中でスーパーに寄って来たよ。
   오는 길에 슈퍼에 (　　　) 왔어.
   ① 들르고　② 들르고 나서　③ 들렀다　④ 들르다

7. 会社を辞めてからさほど経っていません。
   회사를 (　　　) 얼마 안 돼요.
   ① 그만둬서　② 그만두고 나서　③ 그만둔 지　④ 그만두고

8. A：子供は一人でもちゃんと遊んでいましたか。
   B：泣きもせずおもちゃでちゃんと遊んでいましたよ。
   A: 아이가 혼자서도 잘 놀던가요?
   B: 울지도 않고 장난감을 가지고 잘 (　　　).
   ① 놀고 있어요　② 놀던데요　③ 놀았어요　④ 놀고 있었어요

➡ 解答・解説

1. ④

point 「〜くなる」の「なる」は、普通되다ではなく-아/어지다を用いて表します。①は「寒く見える」で日本語訳と合わず、③は「寒いことになった」と意味不明な文になります。

2. ①

point ①の -느라(고) は、何かをしていたため「大変だった」「苦労した」「時間がかかった」というこの文脈にぴったりの表現です。④の -는데も「〜のに」と訳されることがありますが、逆接の「〜のに」の意味で用いられます。

3. ③

point この文の「〜が」は逆接の意味ではなく、前置きを表しています。そのため① -지만は不適当で③の -ㄴ데がふさわしいです。

4. ①

point たとえば「健康に暮らしていたが、早くに亡くなった」のような逆接の「〜が」なら③ -지만を用いることができます。しかし、この文のように「こうして生きて、そして死んだ」という場合には①の -다가がふさわしいです。また④は現在形なので不適格ですが、過去形の사셨으며であればこの文に合います。

5. ④

point ②や③の逆接表現も用いることができますが、「いったん〜したが、元に戻した」というパターンのこの文に最も適当なのは④の -았/었다가です。

6. ③

point 「着替えてから来る」のように単純に二つの動作の順を言う時には①の -고が用いられるのですが、この文のように「途中で〜して（から）」という場合には -았/었다 (가) のほうがふさわしいです。

7. ③

point 「〜して（から）」の後に時間の経過を表す内容が来る場合には、必ず③の -ㄴ/은지を用いなければなりません。

8. ②

point 自分が直接見聞きしたことを伝える時には、더を含んだ -더라、-더군、-더군요を使うほうが伝えようという気持ちがよく表せます。特に -던가요? のように柔らかく問いかけられた時には -던데요で答えたほうが丁寧に聞こえます。

実践問題4

(　　　) に入れるのに最も適切なものを①～④の中から1つ選びなさい。

1. 今日は時間がないから、明日また話そう。
   오늘은 시간이 (　) 내일 다시 얘기하자.
   ① 없어서　② 없으니　③ 없으므로　④ 없기 때문에

2. やっぱりおいしい物を食べたら気分がいいね。
   역시 맛있는 걸 (　) 기분이 좋네.
   ① 먹으면　② 먹으니　③ 먹자　④ 먹었더니

3. 会社が責任を負うので、信じて任せてください。
   회사에서 (　　) 믿고 맡겨 주십시오.
   ① 책임지므로　② 책임지니　③ 책임질 테니　④ 책임지기 때문에

4. 手をけがしているから、ご飯を食べるのが大変なようだね。
   손을 다쳐서 밥을 (　) 힘든 것 같아.
   ① 먹는 일이　② 먹는 것이　③ 먹음이　④ 먹기가

5. 3人で暮らせる部屋を探しています。
   셋이서 살 (　　) 방을 구하고 있어요.
   ① 뿐인　② 만한　③ 정도의　④ 줄 아는

6. 俳優になるなら、もっと努力しないといけませんよ。
   배우가 (　　) 더 노력해야 돼요.
   ① 되려면　② 되자면　③ 된다면　④ 되고 싶으면

7. これ以上は止めておこうというなら、それに従います。
   더 이상 하지 (　　) 저는 따르겠습니다.
   ① 않으려면　② 말자면　③ 말겠다면　④ 않자면

8. このキムチは塩辛いばかりで、おいしくありません。
   이 김치는 (　　) 맛이 없어요.
   ① 짤 뿐이고　② 짤 만하고　③ 짜기만 하고　④ 짜기 뿐이고

➡ 解答・解説

1. ②

point 「～しよう」や「～してください」のように、聞き手に働きかける表現が後節に来る場合には、②の -(으)니- あるいは (으)니까しか理由の表現として用いることができません。

2. ②

point この文では後節が感情・感覚の話なので、②の -(으)니を使うのがふさわしいです。①の -(으)면は、「おいしい物を食べたら」が仮定の意味ではないのでふさわしくありません。また、前節も後節も主語が一人称なので、③と④も不適当です。

3. ③

point この文は「責任を負う（つもり・はずな）ので」と今後の話を理由に挙げているので、③が最もふさわしいです。また①や④は「任せてください」という働きかけの表現とともに用いることができません。

4. ④

point 「～するのが＋形容詞」という表現でその行為を評価する場合には、「-기가 形容詞」という文型を用います。「夜遅くご飯を食べるのが日課になっている」という文であれば、②が使われます。

5. ②

point 「できる」が「～するのに充分な～」という意味で用いられている場合は、②の -ㄹ/을 만한が最も適当です。③の정도を使った表現には「充分」というニュアンスがありません。

6. ①

point 相手にアドバイスしている場面にふさわしいのは①の -(으)려면です。②③では聞き手へのアドバイスという感じがしません。また④は韓国語ではあまり使わない言い回しです。

7. ②

point この文は相手へのアドバイスではないので①は不適当です。また「止める」かどうかは話し手聞き手の双方に関わる件のようなので、③の -겠よりも -자の表現がふさわしいです。なお、「～しないでおこう」という場合には -지 않자ではなく、-지 말자と言います。

8. ③

point ここの「塩辛いばかりだ」は③の짜기만 하다が表す「ただただ非常に塩辛い」という意味です。①の짤 뿐이다は「塩辛さ以外の他の味がしない」という文脈で用います。

練習問題の解答・解説

1-1

①산다　②안 된다　③안다
④먹는다　⑤잔다

point　会話の中での한다体は、①～⑤のような断定的な口調で用いられることが多いです。

1-2

①나　②있다　③공부했다　④있다
⑤이시다　⑥내　⑦했다　⑧좋다　⑨한다

私は今韓国語を学んでいる。最初は一人で勉強していた。しかしわからないことがあまりに多いので、今は韓国語教室に通っている。先生は韓国の方だ。先週は僕が発表をした。覚えることが多くてちょっと大変だが、発表をすれば実力がつくような気がして気分は良い。今年はぜひ韓国に行ってみようと思う。

point　한다体や해体のようなぞんざいな文体の中での一人称は、저、제가ではなく나、내가が普通用いられます。

2-1

①빼겠다.　②끊겠다.　③벌겠다.
④하겠다.　⑤보겠다.

2-2

①좋겠다.　②오겠다.
③힘들겠다.　④춥겠다.

3-1

①않는다.　②못한다.　③좋아하신다.
④좋으시다.　⑤하신다.

point　尊敬の-(으)시が含まれている場合も、動詞には-ㄴ다が、動詞以外には-다が한다体の語尾となります。

3-2

①이다　②했다　③먹지 않는다　④먹었다
⑤먹지 못했다　⑥올렸다

今日は久しぶりの休みだ。遅く起きて植木鉢に水をやり、洗濯をした。休みの日は朝ごはんを食べない。昼ご飯は友人が送ってくれた野菜で野菜スープを作って食べた。たくさん作ったので結局食べきれなかった。みずみずしい野菜と野菜スープの写真を撮って、SNSに上げた。

4-1

①세우자.　②잡자.　③찾자.
④남기자.　⑤가지 말자.

4-2

①A：먹자.　B：먹기 싫어요.
②A：놀자.　B：놀기 싫어요.
③A：감자.　B：감기 싫어요.

point　幼い子どもに行動を促す時、「～しなさい」の代わりに優しく「～しよう（ね）」と表現するのは、韓国語も同じです。

5-1

①닫아라.　②먹어라.　③가라.
④조심해라.　⑤받아라.

5-2

①A：닦아라.　B：닦아야 돼요?

②A：써라.　B：써야 돼요?

③A：먹어라.　B：먹어야 돼요?

④A：자라.　B：자야 돼요?

6-1

①지내니? ②잘랐니? ③춥니?

④재미있니? ⑤바쁘니?

6-2

①A：게임하니?　B：게임 안 해요.

②A：부르니?　B：노래 안 불러요.

③A：자니?　B：안 자요.

④A：듣니?　B：음악 안 들어요.

7-1

①크냐?　②졸업하냐?　③싫냐?

④머냐?　⑤있냐?

7-2

①A：모았냐?　B：모았어.

②A：정리했냐?　B：정리했어.

③A：냈냐?　B：냈어.

④A：넘었냐?　B：넘었어.

point　7-2は中学生男子同士の会話なので、-느、-으を省略しない、厳めしく古めかしい形はふさわしくありません。

8-1

①아프신가?　②없나?　③늦나?

④떨어졌나?　⑤있었나?

8-2

①A：그만두나?　B：그만둡니다.

②A：시작하나?　B：시작합니다.

③A：바쁜가?　B：바쁩니다.

④A：없나?　B：없습니다.

point　8-1のような独り言ではなく、相手に問いかける用法の-나?、-ㄴ/은가?は、相手を目下扱いすることになります。

9-1

①오시는지　②푸는지　③되는지

④좋은지　⑤형인지

9-2

①A：깨끗한지 안 깨끗한지 알려줘.

　B：깨끗하지는 않아.

②A：큰지 안 큰지 알려줘.

　B：크지는 않아.

③A：짠지 안 짠지 알려줘.

　B：짜지는 않아.

④A：고운지 안 고운지 알려줘.

　B：곱지는 않아.

10-1

①예쁘지.　②괜찮지.　③어떡하지.

④되지요.　⑤사지.

スミ：この帽子かわいい！ ヨンヒ、これ（①かわいいよね）? おじさん、これいくらですか。

店員：3万ウォンです。

スミ：ヨンヒ、この帽子（②いいでしょ？）あ、お金が足りない。（③どうしよう。）2万ウォンになりませんか。

店員：2万ウォンでは（④だめですよ）。2万5千ウォンなら売りますよ。

スミ：うーん、やめとこうかな。

ヨンヒ：あんたが買わないなら、私が（⑤買うよ）。

10-2

①A : 알아볼까요?　B : 알아보시죠.

②A : 설명할까요?　B : 설명하시죠.

③A : 시킬까요?　B : 시키시죠.

④A : 시작할까요?　B : 시작하시죠.

point　-(으)시죠が「~しましょう」なのか、「~してください」を意味するのかは文脈次第です。

11-1

①먹거든요.　②이거든요.　③있거든요.
④가거든요.　⑤취직됐거든요.

①A : お酒は飲まないですよね。
　B : 私もお酒よく (飲むんですよ)。
②A : 明日も会社に行くんでしょ?
　B : いいえ、家にいます。お休み (なんです)。
③A : 明日一杯やりましょうか。
　B : すいません。明日は約束が (あるんです)。
④A : 私、来週韓国に (行くんです)。
　B : じゃ、来週は会えませんね。
⑤A : 来月ソウルへ行きます。
　　(就職できたんです)。
　B : あら?　よかったですね。

11-2

①화났거든.　②싶지 않거든요.
③배부르거든.　④먹을 거거든.

母 : ママの言うことを聞かないつもり?　ママ、(①怒ったわよ)。
娘 : ほんとにご飯食べ (②たくないの)。パパが代わりに食べてよ。
父 : パパは食べ終わって (③お腹がいっぱいなんだ)。
娘 : 私もお腹がいっぱい。
母 : じゃ、食べなくていい。あとでママだけアイスクリーム (④食べるから)。あんたは食べないんでしょ?

12-1

①말했잖아.　②바쁘잖아요.
③보잖아요.　④되잖아요.　⑤먹었잖아요.

母 : まだ掃除していないの?　ママが (①言ったでしょ)。
子 : ママ、ぼくすごく (②忙しいんだよ)。
母 : 何が忙しいの。
子 : 来週期末試験を (③受けるんだよ)。
母 : えっ、ママ初めて聞くけど。でも、掃除しなきゃ。
子 : わかったよ。今やれば (④いいでしょ?)
母 : お昼はラーメン食べる?
子 : 昨日もラーメン (⑤食べたじゃない)。

point　②と③では-잖아요を「~じゃない」ではなく「~んだよ」と訳しています。これらの「~んだよ」は、「(見ればわかるように) 忙しいんだよ」「(前にも言ったように) 来週期末試験を受けるんだよ」と母親が当然知っているという前提で状況説明をしています。

12-2

①5시잖아.　②있잖아.　③아니잖아.
④알잖아.　⑤모르잖아.
①A : 明日の約束、何時だったっけ?
　B : 忘れたの? (5時じゃない)。
②A : 私のメガネどこに行った?

B：メガネ？ ここに（あるじゃない）。
③A：これ何だろ？あんたの（じゃないよ）。
B：そうだよ。ママのだよ。
④A：教えてよ。あんた（知ってるんでしょ）。
B：わかったよ。あとで教えてあげる。
⑤A：あんたは知ってるの？ あんたも（知らないんじゃない）。
B：俺がなんで知らないんだよ。

13-1

①쓰네요. ②귀엽네요. ③바쁘네요.
④모양이네요. ⑤보이네요.

A：ハングルを本当にきれいに（①書きますね）。
B：いえいえ。私より田中さんの方が字がうまいですよ。
A：このボールペン、とても（②かわいいですね）。どこで買いましたか。
B：駅前の店で買ったんです。本当にかわいいでしょ？
月末だから最近すごく忙しいでしょ？
A：はい、ちょっと（③忙しいですね）。あ、雨が降っている（④ようですね）。
B：ほんと！ あそこに傘をさして行く人が（⑤見えますね）。

13-2

①퇴근하네. ②좋네. ③없네. ④크네.

①あれ？ 今日は早く退社するんだね。
②今日は体の調子が良くないな。
③食欲がないな。後で食べるよ。
③わたしにはちょっと大きいわね。
ワンサイズ小さいのを着てみようかな。

14-1

①오는군요. ②그랬군요.
③몰랐군요. ④좋군요.

男：ほら、田中さんが（①来ますよ）。
女：どこ？ あ、本当だ。今日田中さんの誕生日なのを知ってますよね？
男：えっ？ あ、（②そうだったんですか）。僕だけ（③知らなかったんですね）。あの横にいる人が田中さんの奥さん？
女：ええ、本当に美人でしょ？
男：そうですね。さあ皆集まったから行きましょう。久しぶりに会えて本当に（④うれしいですね）。
女：ええ。本当にうれしいですね。

14-2

①늦는구나. ②덥겠구나. ③불편하구나.
④드는구나. ⑤맛있구나.

①A：あんたたちのパパ、ちょっと遅いわね。
B：あ、ほら来ますよ。
②A：あっちの席はちょっと暑そうだわね。
B：こっちに座ってください。
③A：この席はちょっと居心地悪いわね。
B：他の席に移りましょう。
④A：ここは気に入ったわね。
B：よかったですね。
⑤A：チーズケーキがとてもおいしいわね。
B：ええ。とてもおいしいですね。

point −구나は한다体なので、書き言葉や独り言以外では**14-2**のように年配者が目下の人に対して用いられます。

15-1

①인데요. ②아닌데요. ③더운데요.
④괜찮은데요. ⑤없는데요.

①A：どちらさまですか。
B：隣りの者ですが。
②A：もしもし。そちら市役所ですか。
B：えっ？ 違いますが。
③A：暑いでしょ？
B：それほど暑くありませんが。
④A：ちょっとしょっぱいでしょ？
B：いえ、大丈夫ですけど。
⑤A：あんた、お金あるよね？
B：いや、ないんですけど。

15-2

①끝났는데요. ②퇴근하셨는데요.
③많았는데요. ④바빴는데요.
⑤먹었는데요.

point 15-2の問題文では−는데요の部分を「〜なんですけど」という訳で統一しましたが、状況によっては③「今日はさほど忙しくありませんでした…」や⑤「まだ昼食を食べていません…」といった余韻を残す表現として用いられることもあります。

16-1

①배우러 ②하러 ③놀러 ④만나러
⑤빌리러

16-2

①부장님을 만나러 왔어요.
②한국 요리를 배우러 다녀요.
③도시락을 사러 나가셨어요.
④자료를 찾으러 올라왔어요.

①A：どういうご用件でいらっしゃったんですか。
B：部長に会いに来ました。
②A：最近どこに通ってらっしゃるんですか。
B：韓国料理を習いに通っています。
③A：課長はどこに出かけられましたか。
B：お弁当を買いに出かけられました。
④A：10階にはなぜ上がって来られたんですか。
B：資料を探しに上がってきました。

17-1

①풀기 위해 ②질문하기 위해
③잊지 않기 위해 ④올리기 위해
⑤바꾸기 위해

17-2

①일하기 위해서입니다.
②꿈을 이루기 위해서입니다.
③대학에 가기 위해서입니다.
④살을 빼기 위해서입니다.
⑤장사를 하기 위해서입니다.

①A：なぜコンピュータを持って行くんですか。
B：仕事をするためです。
②A：なぜ仕事をするんですか。
B：夢を叶えるためです。
③A：なぜ塾に通っているんですか。
B：大学に行くためです。
④A：なぜご飯を食べないんですか。
B：ダイエットするためです。
⑤A：なぜ会社を辞めたんですか。
B：商売をするためです。

18-1

①공부하려고 ②읽으려고 ③덮으려고

④발표하려고 ⑤다니려고

point ①④のように-(으)려고 해서（~しようと思って）の해서が省略されることが韓国語ではよくあります。

18-2

①다음 달에 가려고요.

②한국 식당에서 하려고요.

③삼겹살을 먹으려고요.

④사장님을 뵈려고요.

⑤면허를 따려고요.

①A：いつ韓国に行くの。

B：来月に行こうと思います。

②A：集まりはどこでやるの。

B：韓国食堂でやろうと思います。

③A：晩御飯は何を食べるの。

B：サムギョプサルを食べようと思います。

④A：明日誰と会うの。

B：社長にお目にかかろうと思います。

⑤A：夏休みには何をするの。

B：免許を取ろうと思います。

19-1

①도전할까 합니다. ②갈까 합니다.

③낼까 합니다. ④심을까 합니다.

⑤먹을까 합니다.

19-2

①별이 보일까 해서 밖에 나왔어요.

②선배가 기다릴까 해서 연락을 했어요.

③일을 도와줄까 해서 찾아갔어요.

④양복을 맞출까 해서 백화점에 갔어요.

⑤뒤에는 잘 안 들릴까 해서 크게 말했어요.

20-1

①접기로 했네. ②짓기로 했네.

③시작하기로 했네. ④살기로 했네.

20-2

①가기로 했어. ②사기로 했어.

③묵기로 했어. ④타고 가기로 했어.

⑤돌아오기로 했어.

①A：旅行はいつ行くの？

B：7月に行くことにしたよ。

②A：旅行カバンはどこで買うの？

B：免税店で買うことにしたよ。

③A：今回はどこに泊まるの？

B：友達の家に泊まることにしたよ。

④A：何に乗って行くの？

B：船に乗って行くことにしたよ。

⑤A：いつ戻ってくるの？

B：戻らないことにしたよ。

21-1

①반갑게 ②건강하게 ③예쁘게

④맛있게 ⑤행복하게

21-2

①A：가게 되셨어요?

B：가게 됐습니다.

②A：닫게 되셨어요?

B：닫게 됐습니다.

③A：짓게 되셨어요?

B：짓게 됐습니다.

22-1

①싫어지다（嫌になる）
②젊어지다（若くなる）
③심해지다（ひどくなる）
④깨끗해지다（きれいになる）
⑤불편해지다（不便になる）
⑥추워지다（寒くなる）
⑦먹고 싶어지다（食べたくなる）

22-2

①깨끗해졌어요.　②추워졌어요.
③먹고 싶어졌어요.　④젊어졌어요.

①部屋が汚かったが、きれいになりました。
②暖かかったのに、急に寒くなりました。
③キムチチゲを見たら、私も食べたくなりました。
④運動をしたら、10年は若くなりました。

23-1

①구워지다（焼ける）
②만들어지다（作られる）
③이루어지다（叶う）
④켜지다（点く）
⑤꺼지다（消える）
⑥깨지다（割れる）
⑦알려지다（知られる）
⑧지워지다（消える）

point　－아 / 어지다を機械的に「～られる」と訳さないよう注意しましょう。動詞によっては「被害の受身」で用いる「(～を) ～られる」になってしまいます。例えば「(皿を) 割る」に対する「(皿を)割られる」は「被害の受身」です。「(皿が) 割れる」が－아 / 어지다を用いた表現になります。

23-2

①정해졌다.　②주어졌다　③외워졌다
④지어졌다.　⑤느껴졌다

point　③は「覚えられた」と訳しましたが、외울 수 있었다「覚えられた＝覚えることができた」ではなく、「(自然と) 覚えてしまった」という意味の「覚えられた」です。

24-1

①아파하다（痛む）
②슬퍼하다（悲しむ）
③귀여워하다（かわいがる）
④무서워하다（怖がる）
⑤그리워하다（懐かしむ）
⑥미워하다（憎む、嫌う）
⑦수줍어하다（恥ずかしがる）
⑧좋아하다（喜ぶ、好む）

point　좋다には「好きだ」という意味や、「嬉しい」という意味があります。そのため좋아하다には「好む」だけでなく「喜ぶ」の意味もあります。

24-2

①귀여워해　②무서워해서
③좋아하실　④미워하는　⑤슬퍼하실

25-1

①서기.　②걷기.　③타기.
④떠들지 않기.

25-2

① (친구 사귀기)（友達作り）

② (운전면허 따기) (運転免許を取ること)

③ (일자리 구하기) (仕事探し)

④ (집 찾기) (家探し)

⑤ (혼자서 살기) (独り暮らし)

point −기を使ったフレーズでは、助詞−를/을が普通省略されます。

26-1

①춤 (踊り)　②짐 (荷物)　③받침 (支え)

④웃음 (笑い)　⑤울음 (泣くこと)

⑥모임 (集まり)　⑦알림 (お知らせ)

⑧그리움 (懐かしさ)　⑨어두움 (闇)

⑩만남 (出会い)

26-2

①합격했음　②받았음　③없었음　④바람.

point −기を使ったフレーズが一般的な話なのに対して、−ㅁ/음を使ったフレーズは「だれが」「いつ」する/した行為なのかが決まった話です。**26-2**と前課**25-1**の文を比較してみてください。

27-1

①내일은 시간이 있는데 모레는 시간이 없어요.

②저는 키가 작은데 동생은 키가 커요.

③한 시간 전에 밥을 먹었는데 배가 고파요.

④크기는 다른데 가격은 똑같아요.

27-2

①인데　②드렸는데　③모이는데

④더운데　⑤맛있는데

28-1

①내리더라도　②적더라도

③들더라도　④비싸더라도　⑤보더라도

28-2

病院に行って注射をしてきた。僕は風邪をひいても病院になかなか行かない性格だ。病院に行ったとしても薬だけもらってくるのだが、今日は熱があるので仕方なかった。明日は一日休みたいのだが、体がちょっと辛くても会社に行かなければならなさそうだ…。

29-1

①음악을 듣거나 영화를 봐요.

②도서관에 가거나 친구를 만나요.

③이야기를 하거나 게임을 해요.

④잡지를 읽거나 숙제를 해요.

①A：休みの日は何をするの?
　B：音楽を聞いたり映画を見たりします。

②A：土曜日は何している?
　B：図書館に行ったり友達に会ったりします。

③A：友達に会って何をするんだい?
　B：話をしたりゲームをしたりします。

④A：図書館に行って何するの?
　B：雑誌を読んだり宿題をしたりします。

29-2

僕が故郷を思い出したり、母が作ってくれた料理を思い出したりする時、行く店がある。その店のおばさんはいつ行っても温かく迎えてくれる。何を注文しても僕が好きな副菜 (おかず) をたくさんくれる。食事をした後、時間があればおばさんと話をしたり、コーヒーを飲んだりする。

30-1

①쇼핑을 하든지 맛있는 걸 먹든지 하세요.
②비행기를 타고 가든지 배를 타고 가든지 하세요.
③막걸리를 마시든지 소주를 먹든지 하세요.
④굽든지 조리든지 하세요.

①A：韓国に行って何をしようか。
B：買い物をするなりおいしい物を食べるなりしてください。
②A：どうやって行ったらいいだろうか？
B：飛行機に乗って行くなり船に乗って行くなりしてください。
③A：何のお酒を飲もうか。
B：マッコリを飲むなり焼酎を飲むなりしてください。
④A：この魚、どうやって調理したらおいしいだろうか。
B：焼くなり煮るなりしてください。

point 30-1の文の−든지を−거나に置き換えると、かなりニュアンスが変わってしまいます。−든지が「〜なり〜なりどちらでもいいからやってください」という無関心な態度なのに対し、−거나は「〜か〜かしてください」という単なる提案・指示になります。

30-2

おばさんはいつでも店に出ている。日曜日や休みの日でも店を開けている。いつ行っても温かく挨拶をしてくれる。料理を注文してもしなくても気にせず、誰にでも親切に接してくれる。おばさんには話相手が必要なのかもしれない。

31-1

①성실해 보였다.　②어려 보였다.
③밝아 보였다.　④우울해 보이는
⑤바빠 보여서

31-2

①A：흰색 모자는 어때요?
B：멋져 보이네요.
②A：분홍색 드레스는 어때요?
B：비싸 보이네요.
③A：이 디자인은 어때요?
B：화려해 보이네요.
④A：이 샌들은 어때요?
B：편해 보이네요.

32-1

①작성해 놓고　②켜 놓고
③해 놓고　④받아 놓고　⑤열어 놓고

point −아/어 놓고は、②⑤の「〜しっ放しで」と①③④の「〜しておいて=〜したくせに」の二つの慣用表現があるわけです。

32-2

①A：걸어 둘까?　B：걸어 두세요.
②A：넣어 둘까?　B：넣어 두세요.
③A：맡겨 둘까?　B：맡겨 두세요.
④A：저금해 둘까?　B：저금해 두세요.

33-1

①겪어 왔다.　②살아 왔다.
③멀어져 간다.　④사라져 간다.

33-2

①지각할 것 같으니까 역까지 뛰어가요.

②운동을 해야 하니까 집까지 걸어가요.
③길을 잘 모르니까 앞 사람을 따라가요.
④집이 3층이니까 그냥 걸어서 올라가요.
⑤시간이 충분하니까 천천히 내려가요.

34-1

①피곤해 죽겠어. ②그만둬 버렸어.
③내 버렸어. ④떠나가 버렸어.
⑤아파 죽겠어.

point ⑤の中の마음이 아프다という表現は、가슴이 아프다とも言います。「心が痛い」「胸が痛い」という日本語になじみがなければ、「つらい」と言い換えてもかまいません。

34-2

新年が明けた。ここ数年間は時間がすごく早く過ぎてしまう。今まで周りの人々に助けられて生きてきた。今年はちょっと余裕を持って暮らそう。夫が私のところに来てお腹がすいて死にそうだ、早くご飯をくれと言う。ふぅ、言うだけでご飯を作ってくれるロボットはいないものだろうか。

35-1

しばらく歩くと大きな道に出た。その道を通り過ぎて歩き続けた。何時間歩いたかわからない。あの時のことを思い出すと胸が痛かった。時が解決する（歳月が薬だ）と言うから、時間が経てば少しましになるだろう。そんな日が私にも訪れるだろうか。

35-2

①모이니 ②없으니
③놓았으니 ④먹으니

36-1

①늦잠을 잤기 때문에 늦었다.
②시계가 떨어졌기 때문에 고장났다.
③내가 잘못했기 때문에 사과했다.
④몸이 아팠기 때문에 집에 있었다.
⑤휴대폰을 안 가지고 왔기 때문에 전화 못 했다.

①寝坊したので遅れた。
②時計が落ちたので壊れた。
③私が悪かったので謝った。
④具合が悪かったので家にいた。
⑤携帯を忘れたので電話できなかった。

point この問題を通して、話し言葉から書き言葉への書き換え方法を知るだけでなく、-아/어서요より-기 때문에の方が硬い表現であることを感じ取ってください。

36-2

①성공한 것은 노력했기 때문이다.
②헤어진 것은 성격이 안 맞았기 때문이다.
③가방을 못 산 것은 돈이 없었기 때문이다.
④술을 끊은 것은 몸이 안 좋았기 때문이다.
⑤약속을 못 지킨 것은 일이 많았기 때문이다.

37-1

①사장님이 오실 테니 여기서 기다리세요.
②회사에서 책임질 테니 맡겨 주세요.
③열심히 살 테니 걱정하지 마세요.
④약을 먹으면 좋아질 테니 열심히 드세요.

37-2

①지어 줄 테니까 ②할 테니까

③낼 테니까　④붐빌 테니까

妻：おいしいご飯を作ってあげるからちょっと待ってて。

夫：わかった。じゃ、掃除でもしようか？

妻：掃除は私がやるから、ちょっと洗濯物を畳んでちょうだい。

夫：オーケー。あ、週末に時間を作るから、子供たちを連れて遊園地に行こう。

妻：本当？　子供たちが喜ぶわ。週末は混むから早く出ましょう。

夫：わ、わかった。

38-1

①하느라　②해서　③와서
④하느라　⑤만드느라

point　②は文の後半が「できなかった」という否定的な内容ではないため-느라고を使いません。

38-2

①하느라　②쓰느라　③먹느라
④버느라　⑤사느라

A：最近忙しい？　久しぶりだね。

B：うん。アルバイトをしていてちょっと忙しかった。

A：そうだったのか。僕もレポートを書くのに忙しかったよ。今日の授業はどうして遅刻したの？

B：朝ごはんを食べていて遅くなったんだ。

A：必ず朝ごはんを食べないといけないの？

B：僕は朝ごはんを食べないとだめなんだ。昨夜もお金を稼ぐために遅くまで働いたよ。

A：本当に？　健康のことも考えないと。

B：僕は本当に生きていくために苦労するよ。

39-1

友達に会いに行ったが知らない人が来ていた。友達のお兄さんだと言った。お兄さんは25歳と言った。初めて知ったが友達の両親も兄も全員教師だと言う。私も小学生の頃から教師が夢で、大学を卒業して故郷に帰り教師になるつもりだと言った。

point　「〜だと言った」は「〜だそうだ」とも訳せます。

39-2

①내일 오후라고 들었어요.
②27일이라고 들었어요.
③중학교 교사라고 들었어요.
④부산이라고 들었어요.
⑤서른 둘이라고 들었어요.

①A：約束はいつですって？
　B：明日の午後だと聞きました。
②A：その日は何日ですって？
　B：27日だと聞きました。
③A：職業は何ですって？
　B：中学校の教師だと聞きました。
④A：家はどこですって？
　B：釜山だと聞きました。
⑤A：歳は何歳ですって？
　B：32歳だと聞きました。

40-1

昨日は久しぶりに高校の同窓生たちとカラオケに行った。一番仲の良い友達が来月アメリカに行くそうだ。アメリカにはおばあさんと叔母さんがいると言っていた。おばあさんには小さい時にとてもかわいがってもらったし、すごく会いたいと言っていた。帰る途中で去年亡くなったおばあちゃんを思い出した。

point 계시다には動詞と形容詞の用法があり、ここでは動詞として用いられています。

40-2

①민수가 결혼을 축하한다고 했어요.
②철수가 신세 많이 졌다고 했어요.
③정미가 요리를 아주 잘한다고 했어요.
④엄마가 그날은 시간이 없다고 했어요.
⑤아빠가 고기보다 야채가 맛있다고 했어요.

41-1

ヨンス、元気か？
昨日お母さんの実家に行ってきたんだが、おじいちゃんはお前が留学生活をうまくやっているかと聞いていたよ。おばあちゃんが、ずいぶん心配していた。いつ戻ってくるかとおっしゃるので、２か月後に戻ると伝えた。時間を作って一度電話でもしなさい。では、また…。

ソウルから　父より

point この問題文は書き言葉の手紙文なので、느を省略しない-느냐고という形が用いられています。

41-2

①아빠가 할머니께 메일을 보냈냐고 물었어요.
②엄마가 빨래는 어디서 하냐고 물었어요.
③민수가 요즘 어떻게 지내냐고 물었어요.
④정미가 지금도 피아노를 치냐고 물었어요.

42-1

今日ヨンスが、連休に中学時代の友達らといっしょに旅行に行こうって言ってきた。お前は都合つく？　とりあえず俺が他のやつらの日程を確認してみて、もう一度相談しようと言った。前にお前も休みの計画を立てようと言ってたじゃないか。じゃ、連絡待ってるよ。

42-2

①민수가 한잔 하자고 했어요.
②철수가 막걸리를 마시자고 했어요.
③정미가 노래방에 같이 가자고 했어요.
④엄마가 고구마 케이크를 만들자고 했어요.
⑤아빠가 라면을 끓여서 먹자고 했어요.

43-1

ママが私に留守番をしろと言って外出した。私は弟にどこにも行かずに家に居ろと言って、ちょっと友達の家に行ってきた。家に戻ると、弟はママがするなと言ったゲームをしていた。またママにしかられる。

43-2

①과장님이 3시까지 일을 끝내라고 했어요.
②부장님이 회의에 늦지 말라고 했어요.
③사장님이 술 한잔 받으라고 했어요.
④엄마가 전화를 빨리 끊으라고 했어요.
⑤선생님이 지각하지 말라고 했어요.

44-1

充電器をなくしたので弟に充電器を貸してくれと言った。すると、貸さないと言うので、口げんかになった。おばあちゃんが来て、充電器をお兄ちゃんに貸してやりなさいと弟に言った。すると弟はしぶしぶ30分だけ使えと言って充電器を貸してくれた。明日お母さんに話をして、新しい充電器を買ってくれと言おう。

44-2

①달라고　②달라고　③주라고
④달라고　⑤주라고

point 「私に（～してくれ）」の時は달라고、「誰かほかの人に（～してやれ）」の時は주라고と使い分けます。

45-1

①8월 8일이래요.　②금요일이래요.
③학교 앞 카페래요.
④저녁 6시부터래요.

①A：ゆみの誕生日はいつだと言っていますか。
　B：8月8日だそうです。
②A：8月8日は何曜日だと言っていますか。
　B：金曜日だそうです。
③A：誕生日パーティーの場所はどこだと言っていますか。
　B：学校の前のカフェだそうです。
④A：パーティーは何時からだと言っていますか。
　B：夕方6時からだそうです。

45-2

①미국 사람이래.　②대학원생이래.
③1998년생이래.　④배우래.
⑤일요일이래.

①A：あの方はどこの国の人ですか。
　B：アメリカ人なんだって。
②A：大学生ですか。
　B：いや、大学院生なんだって。
③A：何年生まれですか。
　B：1998年生まれなんだって。
④A：何の仕事をしているんですか。
　B：俳優なんだって。
⑤A：歓迎パーティーは土曜日ですか。
　B：いや、日曜日なんだって。

46-1

①A：안답니까?　B：안대요.
②A：부친답니까?　B：부친대요.
③A：바쁘답니까?　B：바쁘대요.
④A：취직한답니까?　B：취직한대요.

point 耳で聞いた時、引用文の-(ㄴ/는)대요と、15課で習った-ㄴ/는데요（～なんですが）の区別が難しいです。しかし먹는대요/먹는데요のように子音語幹の動詞が現在形で使われる場合以外は、活用形から区別がつきます（例：안대요/아는데요、바쁘대요/바쁜데요）。

46-2

①영수가 무사히 도착했대.
②삼촌이 계속해서 일이 많았대.
③이모가 어릴 때 만화를 좋아했대.
④엄마가 그때는 너무 힘들었대.
⑤선배가 지난번에는 무척 고마웠대.

47-1

①가내요.　②사내요.　③오내요.
④좋내요.　⑤있내요.

①娘：おじいちゃんがお母さんはどこに行くのかって言ってるよ。

母：あ、市場に行くけど。

②後輩：校長先生が先輩はどこに住んでるのかって言っています。

先輩：俺？　京都に住んでるけど。

③母：おばあちゃんが今度いつ来るのかって言ってるわよ。

叔父：あ、週末にまた来るよ。

④娘：ママが、ジーンズがいいのかって言ってるよ。

父：ジーンズ？　いいけど。

⑤妹：パパがお小遣いはあるのかって言ってるよ。

兄：うん。まだある。

47-2

①아빠가 할머니께 전화를 드렸냬.

②엄마가 저녁은 어디서 먹었냬.

③선배가 시험은 잘 봤냬.

④사장님이 한국에 갔다 왔냬.

⑤오빠가 그때는 시간이 없었냬.

48-1

①A：사 먹재요.　B：사 먹자.

②A：연습하재요.　B：연습하자.

③A：잊재요.　B：잊자.

④A：올라가재요.　B：올라가자.

48-2

①선배가 스키를 타러 가재.

②부장님이 과장님의 의견도 들어 보재.

③사장님이 한 시간 일찍 문을 닫재.

④엄마가 5층이니까 걸어서 올라가재.

⑤아빠가 어디가 싼지 비교해 보재.

49-1

①A：들어오래요?　B：들어오래.

②A：갚으래요?　B：갚으래.

③A：마시지 말래요?　B：마시지 말래.

④A：치지 말래요?　B：치지 말래.

49-2

①과장님이 3시까지 들어오래.

②부장님이 직접 사장님께 물어보래.

③감독님이 약속을 꼭 지키래.

④주인이 물건은 만지지 말래.

⑤엄마가 밥을 남기지 말래.

point　－래(요)は前に動詞を置くと命令の引用文ですが、名詞が来ると指定詞の引用文です。たとえば배우래は、배우다＋래요ならば「習いなさいって」ですが、名詞배우＋래요の場合は「俳優なんだって」の意味になります。

50-1

①일을 마치고 나서 연락할게요.

②빨래를 하고 나서 청소할게요.

③읽기 연습을 하고 나서 단어 시험을 볼게요.

④집을 구하고 나서 결혼식을 올릴게요.

①A：いつ連絡するつもりですか。
　B：仕事を終えてから連絡します。

②A：掃除はいつやるつもりですか。
　B：洗濯をしてから掃除します。

③A：単語の試験はいつしますか。
　B：読みの練習をしてから試験をします。

④A：いつ（結婚）式を挙げますか。
　B：家を探してから式を挙げます。

50-2

①결혼하고 나서 ②낳고 나서
③먹고 나서 ④들어가고 나서
⑤시작하고 나서

51-1

①배운 지 얼마나 돼요?
②시작한 지 얼마나 돼요?
③사귄 지 얼마나 돼요?
④생활한 지 얼마나 돼요?
⑤주고받은 지 얼마나 돼요?

①A：ヨガを習ってどのくらいになりますか。
B：2か月目です。
②A：事業を始めてどのくらいになりますか。
B：今月始めました。
③A：その人と付き合ってどのくらいになりますか。
B：明日で100日になります。
④A：いっしょに生活してどのくらいになりますか。
B：少ししか経っていません。
⑤A：連絡のやり取りをしてどのくらいになりますか。
B：しばらく経ちます。

51-2

①배운 지 ②안 지 ③졸업하고 나서
④만들고 나서 ⑤관둔 지

52-1

①친구와 놀다 늦게 들어왔어요.
②자전거를 타다 넘어졌어요.
③한참 걷다 택시를 탔어요.
④우표를 모으다 그만뒀어요.
⑤영화를 보다 울고 말았어요.

52-2

①흐리다가 ②듣다가 ③보다가
④자다가 ⑤쓰다가

53-1

①쌌다가 ②껐다가 ③갔다
④맸다 ⑤썼다

53-2

①좋았다가 ②입원했다가
③누웠다가 ④예약했다가 ⑤샀다가

54-1

①가져다 ②모셔다 ③타다
④사다 ⑤구해다

54-2

①A：끓여다 드릴까요?
B：끓여다 주세요.
②A：들어다 드릴까요?
B：들어다 주세요.
③A：태워다 드릴까요?
B：태워다 주세요.
④A：뽑아다 드릴까요?
B：뽑아다 주세요.

55-1

①배워 보고 싶어요.
②해 보고 싶어요.
③만나 보고 싶어요.
④키워 보고 싶어요.
⑤불러 보고 싶어요.

55-2

①싫은　②싫어하는　③싫어해요.

④싫지 않아요.　⑤싫어요.

56-1

①뵈었으면 합니다.

②주셨으면 합니다.

③써 줬으면 합니다.

④도와줬으면 합니다.

⑤끊었으면 합니다.

56-2

①끝났으면 좋겠어. ②왔으면 좋겠어.

③있었으면 좋겠어. ④않았으면 좋겠어.

①A：仕事がちょっと早く終ったらいいのに。

　B：そう?　何か用事があるの?

②A：雨でもちょっと降ったらいいのに

　B：そうね。本当に暑いわ。

③A：韓国語で話せたらいいのに。

　B：私も。私たち頑張ろうね。

④A：他の人には言わないでほしいの。

　B：わかった。秘密にするから。

point　56-1の-았/었으면 합니다は非常に丁寧に願望を伝えている文であるのに対し、-았/었으면 좋겠어は願望をストレートに述べています。文体の違いだけでなく文型の違いがこうしたニュアンスの差になっています。

57-1

①건강하시기 바랍니다.

②받으시기 바랍니다.

③보내시기 바랍니다.

④되시기 바랍니다.

⑤지내시기 바랍니다.

57-2

①A：꿈이 이루어지길 바래.

　B：꿈이 이루어졌으면 좋겠어

②A：행복하게 살길 바래.

　B：행복하게 살았으면 좋겠어.

③A：시험에 합격하길 바래.

　B：시험에 합격했으면 좋겠어.

④A：일자리를 찾길 바래.

　B：일자리를 찾았으면 좋겠어.

point　この問題のやりとりからもわかるように、同じ願望の表現でも-길 바래は自分のことについて「～したい」という場合には用いません。-았/었으면 좋겠어が「～したい」「～してほしい」の両方に使うのに対して、-길 바래は他人の行為について自分の願望を「～してほしい」と述べる場合にしか用いません。

58-1

①음악을 들으면서 공부해요.

②텔레비전을 보면서 식사해요.

③노래를 부르면서 피아노를 쳐요.

58-2

①맛있고 싸면서 분위기 좋은 가게

②예쁘고 편하면서 굽이 높은 구두

③달고 부드러우면서 작은 케이크

①おいしくて安いと同時に雰囲気の良い店

②おしゃれで楽であると同時にヒールの高い靴

③甘くて柔らかいと同時に小さいケーキ

point　3つの形容詞を全部-고でつなぐと、「Aだし、Bだし…」と思いつくままに並べてい

る感じがします。

58-3

①없으면서　②모르면서

③마시면서　④놀면서

point　-는데(도)も「～のに」に当たる表現ですが、-(으)면서の方が「～くせに」に似た、非難するようなニュアンスが強くなります。

59-1

彼は道を歩きながら考えに考えた。何が良くて何が悪いのか。わからなかった。何年間も勉強し働きながら、無我夢中で生きて来た。後ろを振り返らず、前だけを見て走ってきた。それなのになぜ？　本当にわからないことだった。そうやって春がやるせなく過ぎていった。

59-2

①살며　②싸며　③공부하며

④흔들며　⑤키우며

point　-며は-면서とほぼ同じ意味ですが、問題文の文体からもわかるように、-며は主に書き言葉で用いられる硬い表現です。

60-1

①졸업하자마자　②결혼하자마자

③낳자마자　④끝나자마자　⑤듣자마자

60-2

①일을 마치자마자 나오세요.

②집에 들어오자마자 말하세요.

③월급을 받자마자 갚으세요.

④아침에 일어나자마자 하세요.

⑤역을 나가자마자 택시를 타세요.

①A：いつ出たらいいでしょうか。

B：仕事を終えたらすぐに出てください。

②A：お姉さんにいつ話したらいいでしょうか。

B：家に帰ったらすぐに話してください。

③A：お金をいつ返したらいいですか。

B：給料をもらったらすぐに返してください。

④A：洗濯はいつしたらいいですか。

B：朝起きたらすぐしてください。

⑤A：タクシーに乗って行きましょうか。

B：はい、駅を出たらすぐにタクシーに乗ってください。

61-1

その日は起きてすぐに散歩に出かけた。彼が家を出ると雨粒が落ち始めた。角を曲がりコンビニが見えると、コンビニに入り傘をひとつ買った。その時携帯が鳴った。彼は電話に出るやいなや、家に向かった。こんなことが前にもあったようだ。

point　-자はこのような小説の地の文でよく用いられます。

61-2

①오르자　②생기자　③보고하자

④지나자　⑤바뀌자

62-1

①했더니　②선물했더니

③열어 봤더니　④조사해 봤더니

62-2

①했더니　②상의했더니　③전화했더니

④물었더니　⑤불렀더니

point 問題文はすべて前半の主語が「私」、後半の主語は私以外の人物となっていることに注目してください。

63-1

①이어야 ②지나야 ③있어야
④일어나야 ⑤놀아야

point ③④⑤のように−아/어야の部分を「～ないと」と訳したら、後半の肯定否定を逆にして訳すことを忘れないように。

63-2

①A：사장님이 나서야죠.
B：사장님이 나서야
②A：돈을 벌어야죠.
B：돈을 벌어야
③A：자식을 키워 봐야죠.
B：자식을 키워 봐야

①A：社長が乗り出さないといけませんね。
B：その通りです。社長が乗り出さなければ解決しません。
②A：お金を稼がないといけませんね。
B：その通りです。お金を稼がないと食べていけませんよ。
③A：子供を育ててみなければいけませんね。
B：その通りです。子供を育ててみなければ、親の気持ちはわかりませんよ。

64-1

①있다면 ②가까웠다면 ③원한다면
④들어갔다면 ⑤ 돌아간다면

point ①②④⑤は現実には不可能だったことを仮定する用法ですが、③は誰かの言葉を受けて「それなら」と仮定する用法です。

64-2

①이라면 ②가신다면
③이라면 ④했다면

①A：本当にこれは事実なんです。
B：それが事実なら大変だね。
②A：お母さんは旅行に行かないんですって。
B：お母さんが行かないのなら、私も行かない。
③A：木曜日がお忙しいなら、金曜日はいかがですか。
B：金曜日なら大丈夫です。
④A：僕は電話をしていないけど？
B：お兄ちゃんが電話をしていないなら、誰がしたんだろ？

65-1

①보이려면 ②해결하려면
③붙으려면 ④되려면 ⑤않으려면

point −려면の部分を−기 위해서「～するために」で置き換えても意味の通る文になりますが、−려면は実際にそうしたいと思う人に向かって「そのためには」とアドバイスする場面でのみ用います。

65-2

①타시려면 ②가입하시려면
③따시려면 ④만나시려면

①A：地下鉄に乗るにはどこに行けばいいですか。
B：地下鉄に乗ろうと思われるなら、あっちに行ってください。
②A：会員に加入するにはどうすればいいですか。

B：会員に加入しようと思われるなら、ここに署名してくだされればいいです。

③A：運転免許を取るには時間がどれくらいかかりますか。

B：免許をお取りになるには3か月ほどかかります。

④A：社長にお会いするにはいつ行けばいいですか。

B：社長にお会いになりたければ、午前中にお越しください。

66-1

①가자시면　②외식하자시면

③하자시면　④보자시면

①A：叔母さんが今度いっしょに旅行に行こうって。

B：叔母さんが行こうとおっしゃるなら私たちも行かなきゃ。

②A：お母さんが週末に外食しようって。

B：お母さんが外食しようとおっしゃるなら私たちは良いよ。

③A：課長がいつか一杯やろうって。

B：課長が一杯やろうとおっしゃるなら、もちろん行かなきゃ。

④A：部長が、会議が終わってから別件で会いたいって。

B：何の用だろ。部長に会いたいって言われたら怖いね。

66-2

①먹자면　②되려면

③드리자면　④앓으려면　⑤말자면

point　②と④は、実際に行動に移そうとする人に向かって言っているので-려면がふさわしいです。

67-1

①생각할수록 머리가 아프대요.

②돈이 많을수록 걱정도 많대요.

③나이를 먹을수록 기억력이 떨어진대요.

④연습을 할수록 발음이 좋아진대요.

⑤친한 친구일수록 예의를 지킨대요.

67-2

①공부할수록　②퇴원할 정도로

③지날수록　④입원할 정도　⑤먹을수록

point　②と④は、「(～すれば)するほど」という意味ではないので、-ㄹ/을수록ではなく-ㄹ/을 정도로を用います。

68-1

①볼 만합니다.　②먹을 만합니다.

③쓸 만합니다.　④견딜 만합니다.

⑤일할 만합니다.

①A：その映画、見る価値がありますか。面白いですか。

B：ええ、見る価値はありますよ。ぜひ見てください。

②A：あの店の料理はいけますか。

B：おいしいですよ。いけますよ。

③A：新しく買った電子レンジは使えますか。

B：安い物ですが、使えますよ。

④A：サウナは熱くありませんか。耐えられますか。

B：はい。耐えられます。

⑤A：大変じゃないですか。ここで働けますか。

B：はい、大丈夫です。働けます。

68-2

①다녀올 만한　②관광할 만한

③가 볼 만한　④소개할 만한　⑤살 만한

point　①②④⑤は-ㄹ/을 만하다の部分を「〜られる·できる」と訳していますが、-ㄹ/을 수 있다で表現した時とは異なり、「〜られる·できる（ほど良い、面白い、広い…）」といった価値の判断を含んだ表現です。

69-1

①주고받을 뿐　②만났을 뿐

③읽을 뿐　④할 뿐　⑤걸을 뿐

point　⑤は걸을 뿐이고と表現しても構いません。

69-2

①눈이 내릴 뿐 아니라 몹시 추웠다.

②비가 올 뿐 아니라 바람도 셌다.

③성격이 좋을 뿐 아니라 일도 잘했다.

④영어를 잘할 뿐 아니라 한국어도 잘했다.

⑤값이 비쌀 뿐 아니라 품질도 좋지 않았다.

70-1

①놀러 다니기만 하세요.

②자기만 해요.　③놀기만 했어요.

④예쁘기만 해요.　⑤답답하기만 해요.

①A：おばあさんはいかがお過ごしですか。

B：毎日のように遊び歩いてばかりいらっしゃいます。

②A：末の息子はどう過ごしてますか。

B：休みだからと寝てばかりいます。

③A：休日は有意義に過ごしましたか。

B：私ですか。一日中遊んでばかりいました。

④A：この服どうですか。変ですか。

B：いいえ。よく似合っていますよ。とてもきれいです。

⑤A：事はうまく解決しましたか

B：それがうまくいきません。もどかしいばかりです。

70-2

①끓기만　②짜기만　③맵기만

④먹기만　⑤만들기만

point　動詞＋기만 하다は「〜してばかりいる」という日本語訳をつけましたが、-기만 하면は「〜しさえすれば、〜するだけで」といった日本語訳がふさわしいです。

71-1

①잊어버릴 뻔했어요.

②부딪힐 뻔했어요.

③넘어질 뻔했어요.　④탈 뻔했어요.

⑤잃을 뻔했어요.

71-2

①A：밀었어요?

B：밀 뻔했다는 거죠.

②A：깨뜨렸어요?

B：깨뜨릴 뻔했다는 거죠.

③A：당했어요?

B：당할 뻔했다는 거죠.

④A：혼났어요?

B：혼날 뻔했다는 거죠.

72-1

①지킬 리가 없어요.
②잊었을 리가 없어요.
③할 리가 없어요.
④떨어질 리가 없어요.
⑤들어줄 리가 없어요.

72-2

①A : 버렸나?
B : 설마 버렸을 리가 있겠어?
②A : 싸웠나?
B : 설마 싸웠을 리가 있겠어?
③A : 취소했나?
B : 설마 취소했을 리가 있겠어?
④A : 모자랐나?
B : 설마 모자랐을 리가 있겠어?

73-1

①아닐지도 몰라요.
②일지도 몰라요.
③착각했을지도 몰라요.
④봤을지도 몰라요.
⑤맞을지도 몰라요.

73-2

①A : 불렀을까?
B : 아직 안 불렀을지도 몰라.
②A : 끝났을까?
B : 아직 안 끝났을지도 몰라.
③A : 시작했을까?
B : 아직 시작 안 했을지도 몰라.
④A : 부쳤을까?
B : 아직 안 부쳤을지도 몰라.

74-1

①A : 칠 줄 알아요?
B : 칠 줄 몰라요.
②A : 만들 줄 알아요?
B : 만들 줄 몰라요.
③A : 할 줄 알아요?
B : 할 줄 몰라요.
④A : 주문할 줄 알아요?
B : 주문할 줄 몰라요.

74-2

①사랑할 줄 아는 ②칠 줄 아는
③나눌 줄 아는 ④견딜 줄 아는
⑤즐길 줄 아는

75-1

①나간 줄 알았는데.
②쓴 줄 알았는데.
③따뜻한 줄 알았는데.
④인 줄 알았는데.
⑤매운 줄 알았는데.

75-2

①A : 오늘인 줄 몰랐어?
B : 오늘인 줄은 몰랐지.
②A : 기대하는 줄 몰랐어?
B : 기대하는 줄은 몰랐지.
③A : 있는 줄 몰랐어?
B : 있는 줄은 몰랐지.
④A : 찍는 줄 몰랐어?
B : 찍는 줄은 몰랐지.

76-1

①일찍 퇴근하는 걸 보니까 약속이 있는

모양이야.
②앉아서 조는 걸 보니까 피곤한 모양이야.
③열이 있는 걸 보니까 감기가 든 모양이야.
④식욕이 없는 걸 보니까 어디 아픈 모양이야.

point 모양이다は話者が直接見聞きした状況をもとにした類推に用いられるため、-는 걸 보니까 -는 모양이다というこのパターンでよく用いられます。

76-2
①일한 모양인데 ②끝난 모양이니까
③피곤한 모양이니까 ④있는 모양이야.

77-1
①막히나 봐요. ②인가 봐요.
③났나 봐요. ④하나 봐요.
⑤고장났나 봐요.

77-2
①인가 봐. ②아프신가 봐.
③부치나 봐. ④빠졌나 봐.

①A：あの二人の子供はとても似ているね。
B：そうだね。双子みたい。
②A：お母さんが寝込んでいらっしゃるね。
B：うん。どこか悪いみたい。
③A：これは何の匂いだろ。
B：お姉さんがジョンを焼いているみたい。
④A：去年買ったズボンがちょっと大きいね。
B：そう？ あんた痩せたみたい。

point ①쌍둥이인가 봐は、이다の이を省略して쌍둥인가 봐と言うこともできます。なお、「(まるで)双子みたい」は、(마치) 쌍둥이 같아と言います。

78-1
①잊은 듯이 ②슬픈 듯이
③난 듯이 ④모르는 듯이 ⑤될 듯이

point 動詞の場合は連体形＋듯이を連体形＋것처럼に言い換えることができます。ただし⑤될 듯이はこの形で慣用表現となっており、될 것처럼とは言いません。

78-2
①기침을 했다. 감기에 걸린 듯했다.
②표정이 굳어 있었다. 화가 난 듯했다.
③원장님 이야기를 했다. 그를 아는 듯했다.
④내게 인사를 했다. 어디서 본 듯했다.
⑤목소리가 이상했다. 혼자서 운 듯했다.

79-1
①늘었더라. ②열렸더라.
③넓어졌더라. ④찌셨더라.
⑤없어졌더라

79-2
①좋더라. ②재미있더라. ③어렵더라.
④맛없더라. ⑤아깝더라.

①A：あなたはどんな男がいいの？
B：私？私は誠実な男がいいよ。
②A：コンサートはどうだった？
B：うん、とても面白かったよ。
③A：韓国語の試験は難しかった？
B：うん、思ったより難しかったよ。
④A：そのレストランの料理はまずかった？

B：うん、本当にまずかったよ。

⑤A：それでお金がもったいなかった？

B：そう。お金がちょっともったいなかったよ。

80-1

①났았더라고요. ②피었더라고요.

③고쳤더라고요. ④이사 갔더라고요.

⑤생겼더라고요.

80-2

①볼 만하더라고. ②슬프더라고.

③안 넘어가더라고. ④나가기 싫더라고.

⑤못 하겠더라고.

①A：その映画どうだった？

B：よかったよ。見る価値はあるよ。

②A：先生のこと、聞いた？

B：その知らせを聞いてとても悲しかったよ。

③A：あなた、夕食は食べたの？

B：心が痛くてご飯がのどを通らなかったよ。

④A：同窓会にはなぜ来なかったの？

B：その日はどこも行きたくなかったんだよ。

⑤A：ほかの友達には連絡した？

B：いや。連絡ができそうもなかったんだよ。

81-1

①가던데요. ②만들던데요.

③복사하던데요. ④들어가던데요.

⑤전화하던데요.

81-2

①A：잡수시던가요? B：잡수시던데요.

②A：다니던가요? B：다니던데요.

③A：크던가요? B：크던데요.

④A：끊었던가요? B：끊었던데요.

82-1

①좋더군요. ②아름답더군요.

③많더군요. ④맞더군요.

⑤섭섭해하더군요.

82-2

①A：잘 살던가요?

B：잘 살더구나.

②A：짜지 않던가요?

B：짜지 않더구나.

③A：싸우지 않던가요?

B：싸우지 않더구나.

④A：건강하시던가요?

B：건강하시더구나.

point 感嘆形−더구나、−더군、−더군요は、−더라、−더라고、−더라고요とほぼ同じ使い方をしますが、相手に伝えようとする気持ちより、しみじみ思い起す気持ちが強い表現です。

文法索引

🌶は「ハングル能力検定」4級、🌶🌶は3級、🌶🌶🌶は準2級です。

著者紹介
金京子（きむ　きょんじゃ）
同志社大学講師。
韓国・ソウル生まれ。
梨花女子大学大学院韓国学科修士課程修了（韓国語教育専攻）。
1992年に来日以来、大学などでの韓国語講師、翻訳家として活動している。
著書『絵で学ぶ韓国語文法 新版』『絵で学ぶ上級への韓国語文法』『韓国語単語練習帳』『中級韓国語単語練習帳』（以上共著、白水社）、『昔話で学ぶ韓国語初級リーディング』（アルク）、『韓国語似ている形容詞・副詞使い分けブック』（共著、ベレ出版）ほか多数
訳書『ナヌムの家のハルモニたち』（共訳、人文書院）ほか

河村光雅（かわむら　みつまさ）
京都外国語専門学校副校長。
大阪生まれ。
京都大学大学院修士課程修了。
著書『絵で学ぶ韓国語文法 新版』『絵で学ぶ上級への韓国語文法』（以上共著、白水社）、『韓国語似ている動詞使い分けブック』『韓国語似ている形容詞・副詞使い分けブック』『しっかり身につく韓国語トレーニングブック』（以上共著、ベレ出版）ほか多数

絵で学ぶ中級韓国語文法《新版》

2022年10月5日　第1刷発行
2024年2月20日　第2刷発行

著　者 © 金　京　子
　　　　　河　村　光　雅
発行者　岩　堀　雅　己
組版所　アイ・ビーンズ
印刷所　株式会社三秀舎

発行所　101-0052 東京都千代田区神田小川町3の24
電話 03-3291-7811（営業部），7821（編集部）
www.hakusuisha.co.jp
株式会社　白水社
乱丁・落丁本は送料小社負担にてお取り替えいたします。

振替 00190-5-33228　　Printed in Japan　　加瀬製本

ISBN978-4-560-08950-7